분권,
왜
실패하였나

분권, 왜 실패하였나

초판1쇄 인쇄 2025년 7월 25일
초판1쇄 발행 2025년 7월 31일

저 자 정성호
발행인 노현철
발행처 도서출판 해남

출판등록 1995. 5. 10 제 1-1885호
주 소 서울특별시 마포구 마포대로8길 9 영명빌딩 405호
전 화 739-4822
팩 스 720-4823
이 메 일 haenamin30@naver.com
홈페이지 www.hpub.co.kr

ISBN 978-89-6238-206-8 03320

분권, 왜 실패하였나

형식만 남은 자치,
진짜 분권을 위한 구조 설계 제안

정성호 지음

도서출판 해남

머 리 말

지방자치가 부활된 지 어느덧 30년, 수많은 정책과 제도 개편에도 불구하고 "분권은 왜 여전히 실현되지 않는가"라는 질문은 여전히 유효하다. 정책 문서마다 '지방 분권'을 외치고, 대선 공약마다 '재정 분권'을 강조하지만, 주민이 체감하는 자치의 실상은 크게 달라지지 않았다. 여전히 권한은 중앙에 집중되어 있고, 예산은 중앙의 손을 거쳐야 하며, 책임은 누구도 온전히 지지 않는다. 그래서 묻는다. 이대로의 분권은 과연 제대로 된 분권인가?

이 책은 저자의 전작『지방 분권: 이념과 대립을 넘어』를 전면적으로 확장하고 심화한 결과물이다. 전작에서 제기하였던 문제의식, 즉 분권이 정치적 수사에 머물고 있다는 비판을 넘어, 이번 책에서는 제도와 구조, 예산과 권력의 배분이라는 구체적 층위로 들어가 진단하고 해부하였다. 특히, 그간 '분권은 좋은 것이고 집권은 나쁜 것이다'라는 이분법적 사고가 한국의 분권 담론을 어떻게 왜곡시켜 왔는지를 면밀히 검토하였다.

분권은 단순히 지방정부에 권한을 넘겨주는 일이 아니다. 분권이란 권한을 확대하는 동시에, 그에 걸맞은 책임을 지방이 함께 짊어지는 체제를 의미한다. 지금 우리가 목도하는 것은 그 어느 쪽도 아닌,

구조적 왜곡과 정치적 수사의 반복이다. '2할 자치', '3할 자치', '4할 자치'라는 말은 숫자의 수사가 되었고, 국세와 지방세 비율만 바꾸면 마치 분권이 완성되는 듯한 착시를 낳았다. 그러나 재정 자율성 없는 권한 이양은 껍데기일 뿐이며, 책임 없는 자율성은 무능을 확대하는 구조일 뿐이다.

더구나 지방정부조차도 '분권'을 외치면서도 재정 책임을 회피하거나, 자율성과 통제를 이중적으로 요구하는 이율배반적 행태를 보여 왔다. 중앙정부와 지방정부 모두 책임을 회피한 채 권한 확대만을 외치는 구조 속에서 진정한 분권은 실현될 수 없다. 그래서 우리는 다시 처음으로 돌아가야 한다. 분권이란 무엇이며, 왜 추진해야 하고, 어떻게 설계되어야 하는지를 근본적으로 다시 묻고 다시 구성해야 한다.

이 책은 단순히 현상을 비판하는 데 그치지 않는다. 분권이라는 이름으로 반복되어 온 실패의 구조를 해부하고, 새로운 분권 체제를 어떻게 설계할 것인지에 대한 실천 가능한 대안을 제시한다. 행정 분권은 광역형 거점도시 체제로의 전환과 기초의회 구조조정을 포함해야 하며, 정치 분권은 중앙당-시도당 권한 조정과 지방정치의 책임 구조 강화로 이어져야 한다. 재정 분권은 지방세 중심의 자주재원 확충과 국고보조금의 구조적 개편을 동반하지 않으면 공허하다.

『분권, 왜 실패하였나』는 그래서 분권의 재정의이고, 실패의 반복을 끝내기 위한 구조 설계의 제안이다. 우리는 이제 선언이 아니라 설계로, 수사가 아니라 구조로, 이념이 아니라 실질로 나아가야 한다. 이 책이 그러한 전환의 단초가 되기를 기대해 본다.

2025년 7월 11일

저자

차 례

|||| 제2편 | 그 어디에도 분권은 없었다 ||||

표 차례

그림 차례

제 1 편

이념이 아닌
분권을
다시 묻다

분권인가? 집권인가? 왜 분권만 이야기하고 있나? 분권을 추진하면 사회후생이 전반적으로 증가될 수 있다는 인식에 기초하고 있는 것이다. 그런데 꼭 그런가? 우리나라 실정에는 집권이 맞을 수도 있다. 그런데 매번 정부가 바뀔 때마다 분권을 주장하고 있다. 실상은 집권을 유지하면서 분권을 하겠다고 주장하는 것이다. 분권을 하려면 제대로 된 분권을 추진해야지 피상적인 분권에 머물러서는 안된다. 실질 분권을 위한 발걸음을 시작해야 한다. 분권은 중앙과 지방 간의 권한 배분에 초점을 맞춰야 한다.

1

왜 이념의 분권인가?

1. 집권은 나쁘고, 분권은 좋은가?
2. '2할 자치'의 유래
3. 2할 자치는 악, 4할 자치가 선?

한국의 민주주의 역사는 일천하다. 과거 조선 왕조를 예로 들어 설명해 보자. 바로 붕당정치이다. 조선의 개국공신 중심의 '훈구파'와 조선 건국을 반대한 이색의 제자들 중심의 '사림파'가 있었다. 사림파 내에서도 척신정치(왕실 또는 왕실 친척이면서 신하인 사람을 일컬음) 청산을 위한 견해 차이에서 파가 나눠졌는데, 이를 일컬어 붕당(과거 '당파싸움'이라 불림)이라 불렀다.

동인과 서인으로의 분파는 선조가 이조전랑('정5품 당하참상관', 오늘날의 '행정안전부 인사과장' 정도)을 임명하는 과정에서 서로 자기 사람을 임명하려고 대립하였던 것에서 촉발되었다. 동인은 척신정치 혁파에 적극적이었던 이황, 조식, 서경덕, 김효원 등이었고, 반대로 소극적이었던 서인은 이이, 성훈, 심의겸 등이 핵심 인물이었다. 동인은 '정여립 모반 사건'에서 출발해 '기축옥사'로 피해를 입었다가 왕세자 책봉을 둘러싼 논쟁에서 서인을 몰아냈다. 이때 서인의 영수였던 정철을 귀양보내자는 온건파 '남인'과 사형에 처하자는 강경파 '북인'으로 갈라졌다.

한편, 경신환국(남인 일파의 정치적 대거 실각)으로 정권을 장악한 서인은 남인에 대한 태도를 놓고 '노론'과 '소론'으로 분파되었다. 송시열(노론의 영수, 영조 지지)을 옹호하는 '노론'과 윤증(경종 지지)을 옹호하는 '소론'으로 나뉜 것이다. 영조시대에는 노론이 득세하였는데, 사도세자의 죽음을 두고 영조의 처분을 지지한 '벽파'와 이를 반대한

'시파'로 갈라졌다. 이렇게 장황하게 붕당에 관해 설명한 이유는 붕당이 우리나라의 국운마저 결정하게 되었기 때문이다. 즉, 일본의 조선 침략이 결국 일제 강점기로 이어졌고, 그 단초가 바로 붕당이란 것이다.

임진왜란 발발 2년 전인 1590년, 이이가 죽기 전 일본을 경계하자며 '10만 양병설'을 주장하였다. 1590년 선조는 일본의 요청이기는 하였지만, 황윤길(정사), 김성일(부사), 허성(서장관) 등으로 구성된 통신사(사절단)를 보내 일본의 의도를 파악하려고 하였다. 당시 일본 열도를 통일한 도요토미 히데요시는 전국시대 혼란을 수습하기 위한 수단으로 대륙 출병의 야욕을 드러냈다. 그러나 통신사의 임무를 마치고 이듬해 돌아온 황윤길과 김성일의 보고는 정반대였다. 서인인 황윤길은 "필시 병화(兵禍)가 있을 것"이라 보고하였지만, 동인인 김성일은 "그런 정상을 발견하지 못하였다"라고 보고한 것이다. 이에 조정은 확실한 증거도 없이 백성들에게 불안만 가중한다는 판단을 하고 김성일의 보고를 받아들였다. 즉, 당리당략에 따라 일본의 조선 침략 가능성을 철저하게 외면한 것이다. 그런데 2년 뒤, 1592년 4월 14일 도요토미 히데요시가 조선을 침략하였다. 서로가 합심해야 전란의 상처가 극복될 터인데, 전란 중에도 동인은 남인과 북인으로 갈라져 서로 견제하였고, 남인의 영수 유성룡이 추천한 이순신을 서인이 탄핵하였다. 전쟁 중 북인 출신의 의병장이 많기도 하였지만, 전쟁이 끝난 뒤 남인인 유성룡이 실각되면서 남인 세력이 크게 위축되었다. 임진왜란이 끝나고 남인을 쫓아낸 북인이 정국을 주도하였지만, 1599년 선조가 홍여순(대사헌)을 임명한 것을 계기로 북인은 다시 '대북'(홍여순 옹호, 이산해)과 '소북'(홍여순 비판)으로 분열되었다. 북인의 분당은 여기에 그치지 않고, 홍여순과 이산해 간의 첨예한 갈등으로 결국 홍여순 세력은 '골북', 이산해 세력은 '육북'이 되었다.

일제 강점기의 역사가 꼭 분당에서 비롯되었다고는 할 수 없으나, 상당한 인과 관계가 있다. 그래서 일제의 강점이라는 통한의 역사가 전개되는 데에도 한몫을 거든 것은 분명하다. 처음부터 친일파로 활동한 이는 그리 많지 않았을 것이다. 끝나지 않을 것 같은 일제 치하의 시간이 길어질수록 결국 친일에 가담하는 이가 더 많아진 것이다. 즉, 일본이 35년이라는 침탈의 역사가 공고히 되는 동안 독립을 꿈꾸던 국수주의자마저 변절자로 변하였을 가능성이 적지 않다. 그러니 결국 철저한 친일파의 나라가 되고 만 것이다.

아쉬운 점은 1945년 광복으로 무엇인가 달라질 것만 같았던 우리의 현실이 크게 달라지지 않았다. 친일파를 처단할 시간이 아주 없었던 것은 아니지만 광복 이후 미군정기를 거치면서 친일파를 처단할 기회마저 빼앗긴 것이다. 어찌 보면 기회조차 없었던 것이 아닌가 싶다. 결국 반민족주의자(친일)의 구분도 70년이 지나서야 겨우 추진되었고, 친일행위에 가담한 이들을 친일인명사전에 공개할 수 있었다.

일제 강점기를 거쳐 광복 이후 미군정기를 지났지만 아직 어수선한 나라 상황에서는 집권을 당연하게 여겼는데, 이는 유교 문화를 배경으로 한 절대 왕권을 신봉해 오던 터라 집권이 더 선호되었을 수 있다. 정부가 다시 수립되었지만[1] 이내 6.25 동란이 벌어졌고, 이후 이승만 정권의 독재를 4.19 혁명으로 저지하자 장면 정권의 제2공화국 기간 동안 잠시 분권을 경험하였다. 그러나 5.16 쿠데타로 반공과 민생 해결을 내건 박정희 정권은 다시 강력한 집권을 하였다. 이와 같은 상황은 박정희의 시해(1979) 후 들어선 전두환 정권에서도 이어졌다.

이러한 역사를 거치다 보니 집권은 나쁜 것이라는 선입관이 자리해 버렸다. 이 인식에 기름을 더 부었던 이가 바로 박정희다. 제헌헌법에 엄연히 규정되었던 지방자치마저 폐지한 것이다. 시대적 상황이 집권을 할 수밖에 없다고 치자. 그렇다고 하더라도 아예 폐지까지 할 필요가 있었을까? 과거 중앙집권의 폐해에 관한 인식이 재정 분권 인식에 가장 큰 악영향을 미쳤다. 그래서 분권은 좋은 것(절대적 선), 집권은 나쁜 것(절대적 악)이라는 항등식이 생겨났다. 그러나 분권이 선도 악도 아니고, 반대로 집권이 악도 선도 아니다. 즉, 우리나라 집권의 역사와 의식이 분권을 저해하고 있다. 이후의 지방자치는 더욱

1 1948년 정부 수립은 단절이 아니라, 1919년 대한민국 임시 정부의 법통을 계승한 것으로 제헌헌법에도 그 정신이 명시되어 있다.

큰 문제를 잉태하고 말았다. 1991년부터 외형적으로는 지방자치가 부활되었지만, 진정한 의미의 지방 분권은 실시되지 않았다. 한마디로 수사어로 외쳐 대던 분권국가가 아니였는지 의심스럽다. 왜냐하면 과거 중앙집권 체계와 현재가 별반 다르지 않기 때문이다. 급기야 지방자치가 부활되고 30년이 지났지만, 정치·행정 및 재정은 과거보다 오히려 중앙에 예속되고 말았다.

지금부터 이념에 관해 알아보자. 이념이란 독일어로 이데올로기(ideologie), 영어로는 ideology다. 일반적으로 "사람이 인간·자연·사회에 대해 규정짓는 현실적이면서 동시에 이념적인 의식의 형태"를 가리킨다(위키백과). 사회학에서 정치 이념은 사회가 어떻게 운영되어야 하는지를 설명하는 이상, 원칙 교리 또는 윤리로 정의한다. 정치적 이념은 사회의 다른 측면과 상호 작용하면서도 자신의 특정한 스펙트럼을 형성한다. 따라서 이념은 자신이 지닌 스펙트럼을 기준으로 자신의 위치를 식별하기 때문에 이를 정확하게 구분하는 것은 쉽지가 않다. 그래서 혼재될 수밖에 없다. 좌 또는 우, 보수 또는 진보 등으로 구분은 하지만, 그래서 좌도 우도 아닌 중도(중위)를 표방하게 되는 것이다. 흔히 정치인들은 정치적 이념(예, 포퓰리즘)과 철학(정당을 중심으로 한)을 혼합해 단일 이슈를 이념으로 둔갑시킨다. 그래야 자신의 정치 철학이 이념적 명분이 있다고 할 수 있기 때문이다. 정치 이념과 철학은 이념이라기보다는 지대 추구에 훨씬 더 가깝다. 그래서 정치적 이념과 철학을 온전히 구분해야 한다.

정치적 이념은 권력을 어떻게 배분(사용)할 것인가에 관한 논거가 된다. 정치적 이념은 정부 형태(예, 민주주의)는 물론 경제 체계(예, 자본주의 또는 사회주의)를 설명할 수 있다. 예컨대, 사회주의가 때로는 그 사회의 경제 체제를 나타내지만, 그 경제 체제를 뒷받침하는 이념을 나타내기도 한다. 이념은 획일적으로 구분하기 어렵지만, 정치인들은 이념이라는 잣대를 자신이 유리한 대로 활용해 왔다. 즉, 이념을 자신의 정치적 명분과 동일시하였다. 그런데 이념을 바꾸기란 정말 어렵다. 이념은 갖가지 정보들이 유기적으로 조직된 거대한 복합체이다. 그래서 그 복합체를 한꺼번에 바꾸는 것은 불가능에 가깝다.

1. 집권은 나쁘고, 분권은 좋은가?

집권이 나쁜 것인지, 분권이 좋은 것인지에 관해서는 이견이 있을 수 있다. 꼭 그런 것만은 아니겠지만 정치·행정의 관점에서 보면, 분권에 가까울수록 좋을 것이라는 생각이 든다(상대적 우위). 그런데 재정의 관점에서 볼 때 분권에 가까울수록 좋다는 논거를 이야기할 수 없다. 예컨대, 정치·행정과 재정은 둘 다 집권적일 수도 분권적일 수도 있다. 또한 정치·행정은 분권적이더라도 재정은 집권적일 수 있다. 유럽연합 국가는 행정과 정치는 독립성을 유지하되, 재정은 화폐 통합 등 강력한 집권 체제이다. 분권은 국가마다 측정하는 방식이 다양하고, 다원적으로 정의될 수밖에 없다. 따라서 '분권'과 '집권'은 그 국가의 역할을 암시할 뿐 절대적 선을 의미하는 것이 아니다. 정치권과 지방자치학자들이 줄곧 주장한 '2할 자치'(수사어)는 '집권은 나쁜 것'이라는 부정적 인식의 밑바탕이 되었다. 그로 인해 재정 분권을 인식하는 과정에서 혼동만 초래한 것이다. 2할 자치가 아닌 4할 자치가 되면 분권이 완성되나? 그렇다면 그 분권은 선인가? 이러한 구체적 질문에 정확히 답할 수 있어야만 한다.

2. '2할 자치'의 유래

문재인 정부는 대선 공약부터 국정과제와 자치 분권 종합계획[2] 등을 통해 기회가 있을 때마다 줄곧 자치 분권을 주장해 왔다(과거 정부도 마찬가지). 자치 분권의 핵심 수단인 재정 분권을 이루겠다는 의지를 강하게 내비쳤다. 그 해법으로 현행 8 : 2(이하, '2할 자치')인 국세

2 윤석열 정부는 지방시대계획에서 '자율성을 키우는 지방 분권', '인재를 기르는 담대한 교육 개혁', '일자리를 늘리는 창조적 혁신성장', '개성을 살리는 주도적 특화발전', '삶의 질을 높이는 맞춤형 생활복지'라는 장미빛 청사진을 제시하였지만 분권의 맥락과는 거리가 멀다.

와 지방세 비중을 7 : 3(이하, '3할 자치')으로, 장기적으로는 6 : 4(이하, '4할 자치')까지 바꾸겠다는 것이었다. 이를 위한 대안적 수단은 지방소비세를 증액해 지방으로 이전하는 것이었다.

궁극적으로 2할 자치가 문제이니 4할 자치로 바꿔야 한다고 진단을 한 것이다. 그러나 이러한 진단은 섣부른 결론에 가깝다. 이러한 섣부른 진단이 유효한 진단이 되려면 8 : 2인 국세와 지방세 구조가 왜 문제인지, 더 나아가 6 : 4('4할 자치') 구조가 되면 무엇이 어떻게 좋아지는지를 분명히 제시했어야 옳았다. 그렇지 않으면 그냥 정치적 명분만 추구한 수사적 표현에 불과한 것이다.

분권에 관한 논의는 정치인과 학자들만으로 국한되어서는 안된다. 분권에 관한 국민들의 동의가 전제되어야 한다. 재정 분권 옹호론자(저자도 옹호론자임)들조차 더 많은 토론이 필요하고, 국민들을 설득해 나가야 한다고 주장하였다. 선거철만 되면 일부 지방자치학자들의 주장이 지나치게 확대(과대) 대표되고, 표를 의식한 대선 및 국회의원 후보들이 별다른 대안 없이 분권을 공약으로 주장한다. 지금까지 적지 않은 기간의 경험을 통해 후보들의 분권 공약은 그냥 수사에 불과하였다는 것을 알 수 있다.

문재인 정부가 내놓은 4할 자치는 장기적으로 국세와 지방세의 구조를 6 : 4로 만들겠다는 것이었다. 대선 공약 이전에는 3할 자치를 논의하는 정도에 그쳤다. 그런데 갑자기 6 : 4 공약을 부르짖기 시작한 것이다. 애초부터 첫 단추를 잘못 꿴 공약이라 볼 수밖에 없다. 그 공약이 유효하게 추진되려면 적어도 기존의 8:2 구조가 무엇이 문제인지 정확하게 진단했어야 하였다. 그 진단에 기초해 6:4 구조로 가기 위한 처방전을 내놓아야 하였다. 저자에게 지금이라도 6:4 구조를 어떻게 만들 수 있는가 묻는다면 30초면 그 논거를 답할 수 있다. 그런데 아쉽게도 30초의 답변에 기초해 그 대안이 실질적 분권 구조가 되는지, 무엇이 어떻게 바뀌는지(좋아지나?) 물으면 답하기가 어렵다. 즉, 섣부르게 이야기할 수는 있어도 며칠을 이 문제만 두고 고민해 보아야 겨우 답을 낼 수 있을지 의문이다. 또한 답을 냈다 한들 추진 과정에서 어마어마한 반대에 직면하게 될 것이다. 이렇듯 복잡한 분권 문제를 별 대안 없이 대선 공약으로 선언하였다는 것 자체가 무지에서 비롯되었다.

시쳇말로 3할 자치, 4할 자치란 수사가 중요한 게 아니다. 그 의미가 훨씬 중요하다. 왜 국세와 지방세가 7:3 구조 또는 6:4 구조가 되어야 하는가에 관한 근거가 타당해야 한다. 나중에 다시 설명하겠지만, OECD 자료의 의하면 우리나라의 지방세 비중(세입)은 상대적으로 작다(17.58%). 하지만 이 수치가 여러 국가와 비교해 볼 때 작다고만은 할 수 없다. 그래서 3할 자치, 4할 자치는 일종의 정치적 구호라 말할 수 있는 것이다. 7:3 구조가 되려면 십수조 원의 재원이 지방으로 추가 이전되어야 한다. 국세와 지방세 비중은 나라마다 역사적, 제도적 맥락에 따른 것이지 결코 지방세 비중 규모에는 정답이 없다. 영국의 국세와 지방세 비중은 96 : 4이다. 그렇다면 영국은 집권국가인가? 그 답은 '아니오'이다. 종전에 저자에게 국세와 지방세를 6 : 4 구조로 만들라고 주문을 하면 답을 한다고 하였는데, 이에 관해 섣부른 답을 해본다. 내국세로 규정된 지방교부세와 지방교육재정교부금을 공동세 명목으로 바꾸고, 현재와 같이 법률에 근거해 자치단체로 이전해 주면 된다. 이미 지금 내국세의 19.24%와 20.79%를 차지하는 지방교육세와 지방교육재정교부금은 행정안전부와 교육부를 거쳐 매년 자치단체로 이전되고 있다. 그런데 그러면 무엇이 바뀌나? 그러면 분권이 되는지 곰곰이 생각해 보아야 하였다. 분권을 외치면서 집권을 하는 행태에서 탈피할 방편을 찾았어야 하였다. 어찌되었든 지방교부세와 지방교육재정교부금은 내국세의 일정 비율(19.24%와 20.79%)이 지방으로 이전되는데, 이제부터라도 분권의 관점에서 논의를 시작해야 한다. 특히, 지방교육재정교부금은 학령인구 감소에 따른 개편이 시급하였었다. 분권의 관점에서 논의할 사안이 적지 않았음에도 문재인 정부가 추진한 분권이라고는 지방소비세 증액밖에 없다. 결국 수사로 만들어 낸 4할 자치를 정치화한 것에 불과하였다.

3. 2할 자치는 악, 4할 자치가 선?

2할 자치는 악(evil)이고, 4할 자치는 선(good)인지 구체적 질문을 해보자. 그 답은 '글쎄'도 아니고 단박에 '아니올시다'이다. 2할 자치가 악도, 4할 자치가 선도 아니다. 정치인들이 그간 득표 극대화(vote-maximization) 수단으로 2할 자치의 문제점을 부각시켜 선거 기간 동안 활용한 것에 불과하다.

그러다 보니, 은연중에 2할 자치는 나쁜 것이란 인식이 자리하게 된 것이다. 선과 악을 단정지어 말하려면, 적어도 2할 자치는 무엇 때문에 나쁘고 4할 자치는 무엇이 좋은지 분명하게 논거를 제시할 수 있어야 한다. 단정적으로 말하였던, 법률에 근거한 지방교부세와 지방교육재정교부금을 조정해 4할 자치가 된다고 치자. 설령, 세수 조정을 통해 4할 자치가 되었다. 그럼에도 분권에 별 다른 변화가

표 1-1 국세와 지방세 비율 (단위: 억 원, %)

	2017	2018	2019	2020	2021	2022	2023	2024	2025
국세	2,653,849 (76.7)	2,935,704 (77.7)	2,934,543 (76.4)	2,855,462 (73.7)	3,440,782 (75.3)	3,959,393 (77.0)	3,440,711 (75.4)	3,365,324 (75.1)	3,824,296 (76.9)
지방세	804,063 (23.3)	843,153 (22.3)	904,604 (23.6)	1,020,488 (26.3)	1,127,984 (24.7)	1,185,707 (23.0)	1,124,609 (24.6)	1,116,607 (24.9)	1,150,667 (23.1)

주: 2023년까지는 결산, 2024년은 최종예산, 2025년은 당초예산(국세는 2024년까지는 결산, 2025년은 당초예산).
자료: 행정안전부(2025), 2025년도 지방자치단체 예산 및 기금 개요(상), p. 36.

없다면 수사에 불과하였다는 것을 방증한 셈이다. [표 1-1]에서 설명하고 있듯이, 2021년 기준으로 국세와 지방세의 비중은 75.3 : 24.7이다. 4할 자치를 추진한다던 문재인 정부 시절 지방세는 1.4%p(23.3% → 24.7%) 증가한 것에 불과하다. 4할 자치를 공약으로 내세운 이유가 무엇인지 불분명하다. 결국은 3할 자치도 구현하지 못하였다.

2

분권을 추진하는데, 왜 대립할까?

1. 2단계 재정 분권 추진에 왜 반대할까?
2. 정치적 수사와 재정 축소에 대한 불안

1. 2단계 재정 분권 추진에 왜 반대할까?

우선, 문재인 정부가 추진한 재정 분권에 관해 살펴보자.[1] 문재인 정부의 재정 분권은 4할 자치 달성이 장기적 목표였다. 그리고 재정

1단계 재정 분권 주요 내용

ㅇ 지방소비세 연간 8.5조 원, 소방안전교부세 연간 0.5조 원 등 지방재정을 대폭 확충

ㅇ 지역 밀착형 국고보조사업을 중심으로 3.6조 원 규모의 중앙정부 기능을 지방으로 이양하여 지방재정 운용의 자율성도 획기적으로 제고

① 지방재정을 확충하기 위해 지방소비세율을 11%에서 2019년 15%(4%p↑ 旣 인상), 2020년 21%(6%p↑) 등 단계적으로 총 10%p를 인상

- 이를 통해 연간 8.5조 원(2020년 기준), 부가세 신장률 고려 시 향후 10년간 총 100조 원 이상*의 지방 자체 수입이 확충될 것으로 기대

  * 최근 10년간(2008~2018년) 부가가치세 평균 신장률 4.91% 적용

② 지역 밀착형 국고보조사업(2020년 기준 약 3.6조 원, 향후 10년간 총 36조 원 규모)을 지방으로 이양하여 세출 측면에서 지방재정 운용의 자율성과 권한이 대폭 강화

③ 소방직 국가직화와 소방인력 충원을 지원하기 위해 소방안전교부세율(담배분 개별소비세의 20%)도 45%(25%p↑)로 인상할 예정

- 이를 통해 연간 약 5천억 원, 향후 10년간 총 5조 원(현행 담배세수 유지 가정) 내외의 안정적인 소방 안전 관련 재원이 확보

④ 한편, 국가 균형발전과 지역 간 재정 격차 완화를 위해 지방소비세율 인상분에 대해 지역별 가중치에 따른 배분 방식*을 적용하고, 2019년 완료되는 지역상생발전기금(수도권 → 비수도권 지원)도 향후 10년간 연장할 계획

  * 소비지수 × 지역별 가중치(수도권 : 광역시 : 도 = 1 : 2 : 3) 적용

자료: 자치 분권위원회(2019), 『재정 분권 알고 보면 이렇습니다』

분권 성과가 빠른 시간 내 달성될 수 있도록 2단계로 나누어 재정 분권을 추진하였다. 목표와 추진 전략은 지방의 자율성, 책임성 강화를 통해 '지역의 일은 지방 스스로 해결'할 수 있는 기반을 마련해 균형 발전을 촉진한다는 것이었다. 요지는 자주재원 부족과 지역 간 재정 격차는 지방의 중앙 의존을 심화시키고 국가 균형발전을 저해하는

2단계 재정 분권 주요 내용

○ 국세–지방세 구조 개편, 중앙정부 기능의 지방 이양 등 지방재정제도의 근본적인 개편 검토

○ 관계부처, 자치단체, 민간전문가 등이 참여하는 범정부 협의체를 통해 추진 방안을 마련하고 의견 수렴 및 법령 개정 등을 거쳐 2021년부터 시행

① 2단계 재정 분권은 2021년 시행을 목표로 추진 중

- 첫째, 국세–지방세 구조 개편 또는 지방재정조정제도 개편 추진과 함께 추가적인 지방세수 확충 방안
- 둘째, 중앙정부 기능의 추가적인 지방 이양, 지방교육재정교부금제도 개편, 지방의 자율성 제고를 위한 재원 배분 등
- TF는 현재 심도 있는 논의를 진행 중이며 내년 초까지 범정부 차원의 2단계 재정 분권 추진 방안 초안을 마련할 예정
- 정부는 이를 바탕으로 지방자치단체 등의 의견수렴을 거쳐 내년 상반기에 2단계 재정 분권 최종 방안을 확정하고, 하반기에 관련 법령 개정 등을 추진할 계획

자료: 자치 분권위원회(2019), 『재정 분권 알고 보면 이렇습니다』

1 왜 문재인 정부를 거론하는가하면, 노무현 정부가 추구하였던 분권을 추진할 것 같았던 문재인 정부는 사실상 일부 재정 확충뿐이었다는 것이다.

걸림돌이 되었다는 이유이다. 1단계(2019~2020년)는 지방세 확충(세입 분권)과 중앙정부 기능의 지방 이양(세출 분권)을 통해 가시적으로 재정 분권을 실현하는 것이다. 2단계(2021년 이후)에서는 지방의 자율성 강화와 균형발전을 위해 지방재정제도 전반에 대한 근본적인 제도 개편을 추진한다는 것이었다. 이에 추가해 자치 분권 종합계획(2018. 9. 11)에 따라 지방세입 확충 기반 강화, 고향사랑 기부제 도입, 국고보조사업 개편, 지방교부세 형평 기능 강화 등 재정 분권을 위한 여러 가지 방안들을 동시에 추진한다는 것이다. 얼핏 보면 뭔가 좀 된 것처럼 보인다. 그런데 최초 계획과는 달리 2020년에 완성하겠다던 1단계 재정 분권의 완성(지방소비세 21% 이전을 의미)은 늦추어졌고, 2021년 이후 추진하기로 하였던 2단계 재정 분권도 결국 2023년 이후 지

> 지방소비세 인상과 지방소멸대응기금 도입 등을 내용으로 하는 '2단계 재정 분권을 위한 관계 법률 개정안'들이 2021년 11월 11일 국회 본회의에서 통과되었다. 개정된 2단계 재정 분권 관련 법률은 △지방세법, △지방자치단체 기금관리기본법, △지방재정법, △세종특별자치시 설치 등에 관한 특별법 등 4개이며, 내년 1월 1일부터 시행한다. 법률 개정에 따라 지방소비세 4.3%p(4.1조 원) 인상, 지방소멸대응기금 1조 원 신설 등 향후 계속해서 연간 총 5조 원 이상의 재원이 지방자치단체에 추가 확충될 것으로 예상
>
> 〈2단계 재정 분권 추진 방향 요약〉
> ㅇ 지방소비세율 4.3%p(연 4.1조 원) 인상
> ㅇ 낙후지역 인프라 확충 등을 위해 10년간 10조 원 규모 '지방소멸대응기금' 도입(연 1조 원)
> ㅇ 기초연금 등 연 0.2조 원 규모 사회복지 분야 국고보조율 인상

이번 2단계 재정 분권 시행을 위한 주요 개정 내용은 다음과 같다.

1. 지방소비세 인상(국세의 지방세 이양)

2단계 재정 분권 추진에 따라, 국세인 부가가치세 일부가 지방소비세로 이양되어 지방소비세율이 기존 21%에서 25.3%로 4.3%p 인상(연도별 지방소비세율: (2018년) 11% → (2020년) 21% → (2022년) 23.7% → (2023년) 25.3%)

재정 분권에 따른 지방소비세율 인상

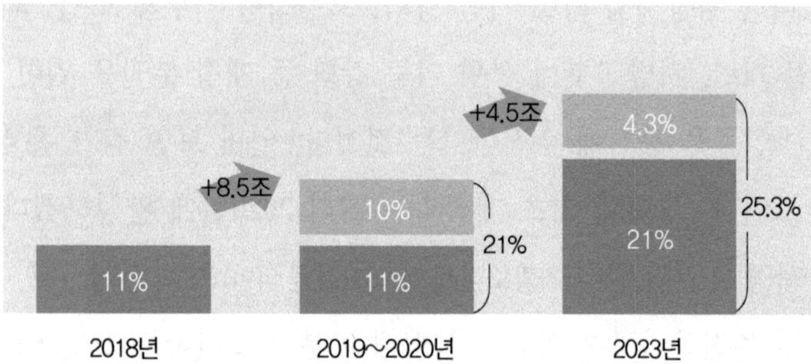

이에 따라 국민들의 추가적인 납세 부담 없이 연간 약 4.1조 원의 재원이 국가에서 지방으로 이전되며, 국세 대 지방세 비율은 1단계 재정 분권과 2단계 재정 분권을 거치면서 2018년 78:22에서 향후 72.6:27.4까지 개선될 전망

또한, 2단계 재정 분권에 따라 인상된 지방소비세 일부는 지방소비세 도입(2010년) 이후 처음으로 시·군·구에 직접 배분(지방으로 이양되는 전환사업 비용 등 보전 후 나머지를 광역-기초 간 6:4로 배분)하여 기초자치단체의 새로운 안정적 세입 기반을 마련

2. 지방재정 구조 개선(국고보조사업 지방 이양)

지방소비세 확충과 연계하여, 약 2.3조 원 규모의 지역밀착형 국고보조사업을 자치단체로 이양한다. 이는 주민과 가장 가까이 있는 자치단체가 지역 현장의 사무를 책임감을 갖고 수행할 수 있도록 사무와 재원을 함께 이양해 주는 취지

3. 지방소멸대응기금 신설

연 1조 원 규모의 지방소멸대응기금을 10년간(2022~2031년) 지원하여 지방이 인구 감소 위기에 적극 대응하도록 재정 역량을 강화(2022년은 자치단체 사업 준비기간을 고려하여 0.75조 원 지원)

지방소멸대응기금은 시·도 조합이 관리·운용하고, 기금운용심의위원회가 기금운용계획 등을 심의한다. 자치단체는 기금 투자계획을 수립·제출하여 기금운용계획에 반영하여야 하며, 계획의 효율성 제고를 위해 기금운용심의위원회는 자치단체와 협의·자문할 수 있다. 인구 감소가 심각한 지역에 더 많은 지원이 이루어지도록 지난 10월 행안부가 최초 지정한 인구 감소 지역에 집중 배분할 예정이며, 전문가 TF를 통한 논의와 자치단체의 충분한 의견 수렴을 거쳐 연내 합리적 배분 기준을 마련하고, 내년 4월 배분할 예정

4. 사회복지 분야 자치단체 부담 완화

사회복지비 부담이 큰 기초단체를 지원하기 위하여, 기초연금 등 사회복지 분야 국고보조사업의 보조율을 인상하여 연간 약 2천억 원 규모의 지방비 부담을 완화. 이번에 통과된 2단계 재정 분권 관련 법률들은 2019년 9월부터 정부 관계 부처, 자치 분권위원회, 자치단체, 전문가 등으로 구성된 '범정부 2단계 재정 분권 TF(2019. 9~2020. 7)'를 운영하여 자치단체 및 관계기관 의견을 적극 수렴하였으며, 2021년 2월부터는 국회 재정 분권 특별위원회(2021. 2~2021. 7, 김영배 위원장·이해식 간사)를 통해 지방자치단체, 국회, 관계부처가 지속 협의하는 등 국회, 정부, 지방자치단체가 국정 운영의 동반자로서 지속적인 협의를 거쳐 만들어 낸 결과라는 점에서 의미가 큼.

자료: 자치 분권위원회(2021), 2단계 재정 분권 관계 법률 국회 통과.

방소비세 4.3%p를 증액하는 것으로 끝났다(총규모 25.3%). 종합해 보면, 진정한 의미의 재정 분권의 가시적 성과가 있었는지 의문이다.

2021년 국회를 통과한 2단계 재정 분권은 지방소멸대응기금, 국고보조금 개편 등을 포함하였고, 관련 내용은 다음과 같다.

1991년 지방자치가 부활된 이래 분권이란 것이 지방재정을 확충

해야 한다는 요구였고, 이러한 행태가 수십 년째 계속되었다. 결과적으로는 재정 분권이 아닌 재정 확충에 가까웠다. 재정 확충의 방식은 크게 보면, 중앙정부가 지방교부세로 내국세의 19.24%를 지방정부에 이전하는(2021년 기준 약 57.7조 원, 보통교부세 50.3조 원 등) 방식과 지방세 자체 수입을 늘려 주는 방식이 있다. 외형적으로 문재인 정부는 지방세수를 늘리는 방식을 택하였다.

정부(행정안전부)는 2019년 지방소비세를 15%로 늘려 준 것(11%에서 4%p 증가)을 '1단계 재정 분권'의 완성이라 명명하였고, 2020년 지방소비세 6%p를 증액해 21%로 늘려 준 것(15%에서 21%로 증가)을 '2단계 재정 분권'이라 명명하였다. 2021년 재정 관련 법률이 국회를 통과하면서 지방소비세를 2022년에 23.7%까지, 2023년에 25.3%까지 늘린다는 계획이다.

그런데 기이하고도 우스꽝스러운 현상이 발생하고 말았다. 지방정부의 계속되는 주장은 분권이었다. 그러니 행정안전부가 추진한 1단계 재정 분권에 이어 2단계 재정 분권은 응당 반겨야만 한다. 그런데 지방정부가 그 반대의 행태를 보였다. 즉, 전남, 강원, 경북 등이 분권 저지 운동을 하고 나선 것이다. 이유는 외형적 모습만 재정 분권일 뿐 분권에 역행한다는 것이었다. 한마디로 해당 지방정부로 이전되는 세입이 줄어들었다는 이유에서다. 지방정부로 이전되는 재정 규모가 늘어나야 분권이지, 줄어들었으니 분권에 역행하였다는 인식

때문이다. 결국 재정 분권은 재정 확충과 항등식(=)이 되고 말았다.

왜 그런 현상이 발생하였을까? 정치인들은 재정 분권을 수사로 주장만 하였고, 자칭 전문가(어용학자)들은 중앙부처 관료(기획재정부와 행정안전부)에게 포획되었다. 다시 말해, 어용학자들을 들러리로 세워 재정 분권을 관철시킨 것이다. 우리나라만의 특징으로, 관료들이 범하기 쉬운 오류는 문제가 발생하면 이를 해결하기 위해 ○○○위원회를 만들어 내·외적 정당성을 확보하는 것이다. 함축하면, 중앙부처(특히, 행정안전부) 관료들과 어용학자들의 합작품으로 재정 확충을 1, 2단계 재정 분권으로 둔갑시킨 것이다. 그 어디에도 분권은 없음에도 말이다.

어찌 되었건 간에 지방정부에서는 재정 확충을 재정 분권으로 잘못 인식하고 있는 것이 분명하다. 앞의 기사는 이와 같은 사실을 잘 드러내고 있다.

2. 정치적 수사와 재정 축소에 대한 불안

정치적 수사로 치장된 분권 구호

'지방 분권'이라는 단어는 오랫동안 정치적 수사(Political Rhetoric)의 핵심 레퍼토리로 활용되어 왔다. 선거철만 되면, 대선 후보든 지방선거 후보든 너나 할 것 없이 지방자치의 중요성을 강조하고, 분권을 국가 발전의 필수조건으로 제시해 왔다. 이러한 외침은 때로는 지역감정을 부추기거나, 중앙권력 견제 논리를 강화하는 데에도 동원되었다.

그러나 이와 같은 정치적 수사는 정작 구체적 실천계획이나 실행 전략을 수반하지 않는 경우가 대부분이었다. '2할 자치'라는 표현이 대표적인 예이다. 이는 자치단체의 세수가 20% 수준에 불과하다는 현실을 비판하는 수사였지만, 문제를 단순히 숫자상의 비율로 환원시키면서, 책임성과 자율성, 그리고 정책 역량 강화라는 본질적 문제는 논의되지 않았다. 이후 '3할 자치', '4할 자치'라는 구호가 나왔지만, 이것 또한 실질적 제도 개혁 없이 목표 수치만 부풀린 선전 구호에 지나지 않았다.

특히, 정치권은 지방 분권을 단지 표를 얻기 위한 수단(매표 행위)으로 활용한 것이다. 중앙정부 또한 분권을 추진하는 것처럼 보이기 위해 각종 균형발전 계획(현재, 지방시대 종합계획)은 물론 위원회(과거, 지방자치발전위원회, … 현재, 지방시대위원회)를 설치하였지만, 실제로는 권한은 이양하지 않고 통제 방식만 세련되게 바꾸는 데 집중하였다. 결과적으로 분권은 정치적 레토릭(수사)으로는 풍성하였지만, 현실의 제도와 정책은 분권의 이름 아래 여전히 중앙집권 구조를 고착화시키는 방향으로 움직였다.

정치적 수사만이 난무하는 가운데, 정작 지방자치가 지향해야 할 실질적 과제들—지역 특성에 맞는 정책 설계, 주민 참여의 제도화, 재정 자율성과 책임성 확보 등—은 공론장에서 점점 사라져 갔다.

쩐(돈)의 싸움: 재정 자율성 없는 분권의 허구

이처럼 정치적 수사가 난무하는 동안, 지방 분권의 진정한 본질—즉, 재정적 자율성의 확보—은 완전히 뒷전으로 밀려났다. 권한 이양만을 강조하는 담론 속에서, 지방자치의 실질적 기반인 재정 자율성은 거의 논의되지 않았다.

현실에서 대부분의 자치단체는 여전히 중앙정부로부터 이전되는 국고보조금과 지방교부세에 의존해 운영되고 있다. 자치단체의 자체 세입 비율은 극히 낮고, 그중 지방세 수입은 취약하다. 2024년 기준으로 보더라도, 국세 대비 지방세 비율은 겨우 24.9%에 불과하며, 나머지 75.1% 이상의 재정권한은 중앙정부가 장악하고 있다.

이런 상황 속에서 문재인 정부 시절, '2단계 재정 분권'이란 정책이 추진되었지만, 그 핵심인 지방소비세율 확대조차 부가가치세의 25.3% 수준에 그치고 말았다. 일부 자치단체는 오히려 재정 총량 규모가 감소하는 상황까지 발생해, 자치단체 스스로가 2단계 재정 분권에 반대하는 역설적인 상황이 벌어지기도 하였다. 이 사건은 분권이 단순한 권한 이양이 아니라, 필연적으로 재정적 뒷받침과 연결되어야 함을 명확히 보여 준다.

결국 분권은 곧 돈의 문제(쩐의 전쟁)였다. 권한만 주고 돈을 주지 않는다면, 지방자치는 외형만 유지하는 껍데기 제도에 불과하다. 중앙정부는 '분권'을 선언하면서 국세 구조를 크게 바꾸려는 시도는 결코 하지 않았고, 국세 중심의 재정 구조를 유지하는 것이 중앙의 권력과 통제를 확실히 보장하는 수단임을 누구보다 잘 알고 있었다.

이처럼 '쩐'의 전쟁에서는 중앙정부가 항상 승리하였다. 자치단체는 말로는 자율성을 부여받았지만, 실질적으로는 중앙정부의 재정 통제하에 놓여 있는 상황이 지속되었다.

'분권'이라는 말, '돈'이라는 현실

표면적으로는 지방 분권이 지속적으로 추진되는 것처럼 보였다. 매년 지방 분권 로드맵이 발표되었고, 「지방자치법」 개정안이 국회를 통과하였다. 그러나 이 모든 과정은 정치적 수사의 범주를 크게 벗어나지 못하였다. 실제 분권 관련 정책과 법제화 과정에서는 '돈'의 논리가 모든 것을 지배하였다.

중앙정부는 자치단체에게 자율성과 권한을 부여한다고 약속하였지만, 정작 재정 구조를 근본적으로 개편하는 일은 단 한 번도 진지하게 추진되지 않았다. 국세 중심의 재정 구조는 중앙정부가 자치단체를 통제할 수 있는 가장 강력하고 효율적인 수단이었고, 이 구조를 포기할 유인은 전혀 없다.

결국 지방자치는 권한 싸움이 아니라, 재원(財源) 싸움이었다. 중앙정부는 "권한을 주겠다"는 수사를 남발하였지만, 재정적 자율성을 주지 않았기 때문에, 지방자치는 껍데기에 불과하였다. 이러한 이중 구조는 분권을 강조하는 정치권과 정책 현실 사이에 깊은 괴리를 낳았고, 주민들의 지방자치에 대한 신뢰를 잠식시켰다.

지방자치는 더 이상 상징적 자율성에 만족해서는 안된다. '권한을 주었다'는 선언이 진정한 분권이 아니라, 지방이 스스로 재정자립을 통해 정책을 설계하고, 실행하고, 평가할 수 있는 역량을 확보해야만 실질적 자치가 구현되는 것이다.

분권을 넘어, 실질적 재정 독립으로

이제 대한민국의 지방 분권 논의는 새로운 전환점을 맞아야 한다. 단순히 권한 이양이나 자율성 확대를 외치는 수준에 머무르지 않고, 지방자치의 근간이 되는 재정 구조를 실질적으로 개혁해야 한다.

우선, 지방소비세율의 추가 확대가 필요하다. 지방소비세가 지방세인가 국세인가? 이름을 보면 뭔가 이상하다. 하여간 현재 부가가치세의 25.3%를 지방소비세로 전환하고 있으나, 이 비율을 최소한 30% 이상으로 끌어올려야 한다. 다만, 소비세는 지역 간 소비 격차를 심화시킬 수 있으므로, 재정조정 기능을 강화하여 수도권과 비수도권 간 불균형을 완화해야 한다.

둘째, 지방소득세 기능을 대폭 강화해야 한다. 소득세 부과 구조를 개편하여 지방세 비율을 높이고, 특히 고소득층에 대한 지방세 부과를 강화함으로써 지방재정의 안정성과 독립성을 확보해야 한다.

셋째, 새로운 지방세원으로 환경세를 적극 도입해야 한다. 탄소배출세, 오염물질배출부담금, 플라스틱세 등은 지역 기반으로 부과할 수 있으며, 환경오염에 대한 책임을 지역사회가 공유하는 한편, 새로운 지방재원 확보 수단이 될 수 있다. 환경세를 지방세로 독립시키면, 지역별 환경정책 추진력도 힘을 얻을 수 있다.

마지막으로, 국고보조금 체계는 점진적으로 축소하고, 자치단체 자체 세입 확대와 성과 기반의 지방재정 운영으로 전환해야 한다. 그래야만 지방은 중앙정부의 간섭 없이 주민의 수요에 따라 독자적으로 정책을 설계하고 집행하는 실질적 자치를 실현할 수 있다. '분권'이라는 정치적 수사에 더 이상 머물러서는 안된다. 이제는 '쩐'의 독립, 즉 재정의 자립 없이는 지방자치의 미래도 없다는 사실을 정면으로 직시해야 한다.

3

도대체 분권이 뭐길래?

1. 재정연방주의 이론
2. 한국 분권의 출발
3. 세입과 세출 규모로 분권화 판단 시, 치명적 오류
4. 재정 분권의 현 주소
5. 누가 재정 분권을 원할까?

1. 재정연방주의 이론

과거 정부가 줄곧 재정 분권을 주장하긴 하였지만, '연방에 버금가는 재정 분권'을 외치지는 않았다. 그런데 문재인 정부 들어 연방에 버금가는 재정 분권을 주장하였다. 그러면 연방은 무엇이고, 분권은 무엇인가? 그러려면 재정연방주의가 무엇인지 구체적으로 살펴보아야 한다. 우명동 교수는 재정연방주의 이론(theory of fiscal federalism)은 정부 간 재정 관계(IGR)라는 제도적 틀을 통해 행해진다는 점에서 재정 분권의 이론적 기초가 된다고 주장하였다.

미국 등지에서 1950년대에 소개된 이후 2000년대까지 꾸준히 주장되어 온 재정 분권은 전통적 분권 이론인 1세대 재정연방주의 이론과 새로운 분권 이론인 2세대 재정연방주의 이론으로 나누어 볼 수 있다. 1세대 이론은 획일적 분권을 의미하며, 2세대 이론은 왜곡된 재정 활동을 통제해야 한다는 새로운 방식의 분권을 의미한다. 특히, 2003년 버드(Bird)가 차등 분권을 소개한 이래 최근까지 논의되고 있다. 저자는 2019년 지방재정학회에서 「재정 분권의 오해와 진실」이란 논문을 발표하면서, 굳이 '차등 분권'이란 용어는 사용하지 않았지만, 재정자립도에 근간을 두어 재정 분권의 방향성을 달리 적용해야 한다고 주장하였다.[1] 이것이 바로 '차등 분권'의 개념이다. 먼저 1, 2세대 재정연방주의 이론에 관해 논의하고, 외국에서 논의되고 있는 차등 분권의 배경과 한국 분권의 현 위치를 곱씹어 본다.

제1세대 재정연방주의 이론: 전통적 이론

재정연방주의 이론은 1950~1960년대에 등장하여 최근까지 재정학(특히, 지방재정학) 교과서에서 다루어지고 있다. 제1세대 재정연방주의 이론을 정립시킨 학자는 Tiebout(1956), Musgrave(1959), Oates(1972)가 대표적이다. 제1세대 재정연방주의 이론은 온정적(선한) 또는 전지전능한 정부가 존재한다고 가정한다. 그런 의미에서 분권 체제가 자원 배분의 효율성을 높이기 때문에 경제 전체의 효율성과 사회 후생을 증진시킨다고 본다. 이렇듯 1세대 재정연방주의 이론은 분권의 규범적 가치와 당위성에 주목한 것이다. Musgrave(1959, 1973, 1989)의 주장에 따르면, 소득분배와 경제안정은 중앙정부의 고유 기능이고, 자원 배분은 지방정부의 고유 기능이라고 보았다. 즉, 정부 간 재정 관계에 천착한 것이다. 시장이 불안정할 때 정부가 개입해 시장 실패를 치유하고 사회 후생을 증진시켜야 한다는 케인지언적(Keynesian) 인식에 기초한 것이다. 이러한 머스그레이브(Musgrave)의 견해는 중앙정부와 지방정부 간 기능 분담 측면에서 재정을 설명하는 이론으로 오늘날까지 자주 인용된다.

---

1 자세한 내용은 저자의 논문 "Political Economy of Fiscal Decentralization in Korea," *Journal of Public Choice*, 1(1), pp. 125~144를 참고.

분권화 정리(decentralization theorem)로 우리에게 알려진 Oates(1972)는 분권적 재정이 집권적 재정보다 사회 후생을 좀 더 증진시킬 수 있다고 보았다. 규모의 경제와 누출효과(spillover effect)가 존재하지 않고, 지역 간 생산 요소의 이동 가능성이 없다고 전제할 때, 분권이 보다 유리하다는 것이다. 즉, 전국적으로 동일한 공공서비스를 제공하는 것보다 주민의 선호를 반영한 공공서비스를 제공하는 것이 사회 후생을 증진시킬 수 있다는 것이다. 다만, 제1세대 이론은 온정주의적 정부이고, 주민의 선호를 더 잘 수용해 최적 규모의 공공서비스를 제공할 수 있다는 규범적 가정하에 분권의 성과가 커진다는 분석을 하려고 하였다는 점에서 비판을 받고 있다.

한편, Tiebout(1956)는 전지전능한(완전한 능력을 지닌) 정부가 존재하지 않아도, 주민들의 선호와 지역을 선택해 분권의 편익을 얻을 수 있다고 주장하였다. '발로 하는 투표'(voting with their feet)로 유명해진 티부(Tiebout)는 머스그레이브, 오츠(Oates)와는 달리 정부의 개입 없이도 시장조정을 통한 분권이 사회 후생을 증진시킬 수 있다고 보았다. 즉, 정확한 정보를 지닌 주민은 지역 간 인구이동이 자유롭고, 개인의 입지 선택, 즉 자신의 선호에 가장 적합한 공공서비스를 제공하는 지역을 선택지로 결정한다는 것이다. 서로 다른 지방정부가 다양한 공공서비스를 제공하고, 주민은 공공서비스 편익에 대한 비용을 스스로가 지방세를 통해(지방세 가격 기능) 지불하며, 선호에 따른 지역 간 이동이 완전히 자유롭다는 가정이 성립하면, 분권이 효율성은 물론 사회 후생을 더 증대시킬 수 있다고 본 것이다.

티부의 모형 또한 가정의 비현실성 때문에 적잖은 비판을 받았다. Bardhan(2002)은 티부 모형의 가정이 매우 제한적이며, 빈곤 국가에서는 그 가정이 성립조차 할 수 없다고 보았다(즉, 가정의 제약 또는 비현실성에 대한 비판). 첫째, 가정의 핵심인 지역 간 인구이동이 가능하지 않다. 미국에서조차 빈곤한 사람들은 양질의 공공서비스를 제공하는 지역으로 이동이 거의 불가능하다는 점을 꼬집었다. 둘째, 빈곤 국가에서는 정치인과 관료의 부패행위를 모니터링할 정보가 부족하고, 재정의 책임성이 높지 않다. 셋째, 빈곤 국가에서는 지방 민주주의(local democracy)가 발달되지 않아, 지역 엘리트 또는 이익집단(토호세력)과 연계되어 효율적 서비스 공급이 제한된다. 넷째, 빈곤 국가에서는 대부분의 조세가 국세로 중앙과 지방 간 세입 격차가 매우 크다. 또한 지역 간 부존자원 등의 격차로 인해 지역 간 소득 격차가 심각하고, 수도권에 부가 집중되어 있다. 다섯째, 빈곤 국가에서는 중앙정부 관료보다 지방정부 관료의 행정 능력이 상대적으로 떨어진다. 따라서 빈곤 국가(특히, 개발도상국)에 적용하기는 어려운 이론이라고 비판한 것이다.

지금까지 논의한 제1세대 재정연방주의 이론은 온정주의적(또는 선량한) 정부가 존재할 때 정부 간 재정 관계의 바람직한 틀을 제시한 것이다. 즉, 분권화된 정부가 자원 배분의 효율성을 증대시켜 경제발전에 긍정적 영향을 미친다는 것이다. 더 나아가 잘 디자인된 분권은 지역 주민의 참여를 촉진시켜, 풀뿌리 민주주의를 정착시킴은 물론 지역발전을 가속화할 수 있다고 보았다.

제2세대 재정연방주의 이론: 새로운 이론

제2세대 재정연방주의 이론은 1990년대 이후 정치, 사회, 재정 등 다양한 여건 변화에 따른 대안적 시각에서 정부 간 재정 관계의 틀을 다시 형성하려는 시도에서 전개되었다. 제2세대 재정연방주의 이론을 정립한 학자는 Qian and Weingast(1997), Weingast(2009, 2013)와 Oates(2005, 2008) 등이다.

특히, '분권화 정리'를 주장하였던 오츠는 30년이 지난 후 남미 국가 지방정부의 왜곡된 재정 현상을 목격하고 새로운 이론을 주장하고 나섰다. 이른바 제2세대 재정연방주의 이론은 1990년대 이후 지방정부의 왜곡된 재정 현상과 분권화 정책의 실패에서 파생되었다고 보았다. 그 대표적 사례로는 아르헨티나, 브라질 등 남미 국가의 지방정부가 방만한 재정 운영으로 세출이 급격히 증가하였고, 결국 채무가 급증해 유동성 위기가 발생하였다. 또한 멕시코의 분권화 정책도 실패하였고, 헝가리도 이와 유사한 상황에 놓이게 되었다.

이렇듯, 1990년대 들어 적잖은 국가의 지방정부가 왜곡된 재정 행위, 즉 자원 배분을 왜곡시켰고, 거시경제 불안정성을 증대시켰음은 물론 국가적 재정위기(fiscal crises)의 원인으로 작용하였다. 함축하면, 제2세대 재정연방주의 이론은 전통적 이론으로는 설명되지 않는 지방정부의 왜곡된 재정 행위와 재정위기의 원인과 대책을 제시하려는 새로운 시도라고 할 수 있다. 즉, 제1세대 재정연방주의 이론이 재정위기 현상을 정확하게 설명할 수 없다는 한계를 직시한 것이다. 궁극적으로는 재정 행위가 경제성장을 설명하지 못한 데 따른 새로운 인식과 정치적 이해관계자들의 행위에 대한 새로운 가정이 필요하였던 것이다.

제2세대 이론의 공통된 인식은 정치인들이 사회 후생을 극대화하기보다는 사적 이익을 추구한다는 보다 현실적 가정에 기초한다. 특히, Brennan and Buchanan(1980)이 주장한 공동선택 이론(또는 정치경제학)을 받아들여 정치인들은 공적 이익(사회 후생)이 아니라 '사익 추구라는 목표함수'를 가지고 있다고 가정하였다. 한마디로 정치인들은 사익 추구를 극대화하는 행위를 한다는 것이다.

제2세대 재정연방주의 이론은 대안적 차원의 새로운 인식론을 정립하려 하였던 것이다. 결국 주류경제학의 범위를 넘어 공공선택론(Public Choice 또는 정치경제학), 정치학, 행정학적 연구방법론으로 확대된 것이다. 전통적 이론의 한계는 지방정부의 왜곡된 재정 행위와 정치 및 재정제도가 지닌 유인 기능에서 비롯되었다고 보았다. 제2

세대 재정연방주의 이론은 지방정부의 왜곡된 전략적 행위를 설명하기 위해 게임 이론(game theory), 정보의 비대칭성에 근거한 주인-대리인 이론(principal ageny theory), 재정연방주의 등 전통적 경제학 이론을 넘어서 정치경제학 등 연구방법론을 활용하게 된다.

차등 분권: 대안적 분권 이론

머스그레이브, 오츠, 티부 등에 의해 구체화된 제1세대 재정연방주의 이론은 특정 국가 내 모든 지역이 동질적이라고 가정하였다. 그러나 특정 국가의 각 지역은 면적, 인구 구조, 재정력, 소득 수준, 정치적 영향력 등에서 서로 동질적이지 않다는 것이다. 이렇듯 이질적 특성을 반영해야만 분권을 정확하게 볼 수 있다는 것이 바로 차등 분권(asymmetric decentralization)의 핵심이다.

차등 분권은 특정 국가 내에서 지역자원이 풍부한 지역과 반대로 빈약한 지역, 수도권과 비수도권, 대도시와 낙후 지역 등의 차이는 물론 이질적인 속성을 반영한 이론이다. 따라서 제1세대 재정연방주의 이론의 주장처럼 전국적 단위의 획일적 분권(symmetric decentralization)을 펼치게 되면 사회 후생은 물론 경제발전에 부정적 영향을 미친다고 경고한 것이다. 즉, 지역 내에서 동질적이지 않고 이질적인 속성이 존재한다면, 획일적 분권보다는 특수성을 반영한 차등적 분권이 효과적이라는 것이다.

2000년대 들어 차등 분권에 관한 다양한 논의가 확산되었는데, 전통적 재정 분권의 부정적 효과를 치유할 수 있는 새로운 대안적 이론으로 자리매김한 것이다. 재정연방주의 이론을 주장한 학자이자 차등 분권을 처음 소개한 학자는 버드다.[2] 버드는 다양한 국가의 분권 사례 연구를 통해, 인종·언어·종교·역사 측면에서 이질적 특성을 지녔다고 보았다. 즉, 이질적 속성을 지닌 집단이 어떻게 사회를 구성해 서로 협력하면서 국민 국가를 유지하고 있는지 살펴보았다. 국가 내에서 각 지역과 사회집단이 이질적일 때, 각 지역의 차이를 잘 반영한 차등 분권이야말로 공공서비스를 효율적으로 제공할 수 있고, 국민국가를 유지할 수 있는 정치적 또는 현실적 대안이라 주장한 것이다.

Congleton(2014)는 버드가 2003년 차등 분권을 주장한 이래 10여 년간 차등적 재정연방주의 이론은 진화되어 왔다고 주장하였다. 그런데 차등 분권의 이론적 틀은 제2세대 재정연방주의 이론을 주장한 Oates(2005), Weingast(2009)의 이론에 기초하고 있다. Weingast(2013)는 성공적 지방정부 모델을 구축해 국가 전체로 분권을 확산시키려면 분권의 단계적 발전 전략과 차등 분권 전략이 필요하다고 주장하였

2 버드는 조지아 주립대학교 Andrew Young 정책연구소에서 "Asymmetric Fiscal Decentralization: Glue or Solvent"에 관해 발표하면서 차등 분권을 역설하였고, 동태적으로 정치적 균형을 이루는 것이 가장 중요하다고 보았다.

다. 차등적 연방주의 이론(Asymmetric Federalism)의 요지는 정치의 외생적 현상이 아닌 중앙-지방 간 권한과 자원 배분에 관한 협상과 교섭 등 내생적 결과물이라 본 것이다. 결론적으로 분권은 중앙과 지방 간 협상 및 교섭으로 인해 정치적 불확실성을 줄일 수 있는 대안적 기제로 차등적 분권이 발생할 수밖에 없다고 보았다.

2. 한국 분권의 출발[3]

한 국가의 재정 구조는 역사적·정치적·제도적 실체를 반영하고 있다. 분권도 이러한 맥락에서 이해하면 된다. 2022년 5월, 윤석열 정부가 출범하였다. 매번 정부가 출범할 때마다 빠지지 않고 등장하는 단어가 바로 분권이다. 적어도 분권을 공약으로 주장하려면, 분권의 맥락과 방향성을 구체화한 뒤에 추진해야 한다. 구호만 외쳐 댄다고 분권이 이루어지는 것은 아니다. 구호만 외쳐 대는 정부를 볼 때마다 한숨이 절로 나온다. 분권을 정확하게 이해하지 못한 채, 어줍잖은 수사만 남발하는 정부가 되어서야 되겠는가? 노무현 정부의 국정 철학을 이어받을 것만 같았던 문재인 정부에 거는 기대는 적지

3 정성호(2018), 『대한민국 재정정책 70년사』의 일부 원문 내용을 활용.

않았다. 그런데 기이한 1단계, 2단계 재정 분권이라는 용어를 활용해 분권을 추진하였지만 분권의 가시적 성과는 없다. 기껏 지방소비세를 조금 늘려 준 것에 불과한데, 재정 분권이라 과대 포장한 것이다. 이미 설명한 바와 같이 문재인 정부 재임기간 지방세의 비율은 23.3%에서 24.7%로 기껏 1.4%p 늘어난 것에 불과하다. 이를 두고 숫자를 읽는다면 2.5할 자치라 불러야 할까?

우리나라 분권의 역사적 추이를 개략적으로 살펴보자. 우리나라는 역사적·정치적·제도적 특성을 살펴보면, 수백 년 동안 중앙집권적 단일국가 형태를 유지해 왔다. 게다가 유교적 집권 국가 형태로 국왕이라는 절대 권력에 기초한 강력한 중앙집권을 추진하였다. 우리나라는 통한의 역사인 일제 강점기(1910~1945)를 거쳐 미군정기(1945~1948)로, 대한민국 정부(1948)가 수립되고 '제헌헌법'이 제정·공포되었다. 제헌헌법에 제한된 분권을 규정하였고, 「지방자치법」이 제정(1949)되어 지방자치단체 구성의 기초를 정하였다. 한국동란이 발생하였지만 전쟁 기간(1952) 중 지방의회 의원 선거가 실시되었다. 4.19 혁명(1960)으로 이승만 독재정권이 몰락하였고, 장면 정부(1960)는 지방의회 의원, 도지사를 지역 주민이 직접 선출하는 정치적 분권을 실시하였다. 최초의 민주화와 지방자치제를 실시하려 하였던 장면 정부는 박정희 군부 쿠데타로 붕괴되고 말았다(1961. 5. 16). 박정희 독재정권은 입법·행정·사법권을 행사하는 '국가재건최고회의'를 구성해 민주주의를 종식시켰다. 박정희는 1979년 10.26 사태가 발발할 때까지 군부독재를 유지하였고, 지방자치와 지역선거를 폐지(1961)해 중앙집권적 독재 정치를 유지하였다. 박정희는 유신체제 구축을 위한 헌법 개정안에 지방자치가 한반도의 통일 때까지 연기되는 법 조항을 신설해 지방자치와 분권을 폐지시켰다. 1979년 군사 정변으로 집권한 전두환 군부 정권마저 자치단체장을 중앙에서 임명해 지방자치와 정치 분권은 실현할 수 없었다. 이렇듯 중앙집권적 체계가 공고히 됨에 따라 지방은 중앙정부의 통제와 관리 대상이 된 것이다. 일축하면 자치단체는 중앙정부의 위임 업무를 수행하는 일선 기관에 불과하였다고 할 수 있다. 그 가운데 '2할 자치' 또는 '3할 자치'라는 이상한 용어가 사용되기 시작하였다. 즉, 국세와 지방세의 비중이 그 정도 된다는 의미이다.

1980년대 들어 학생운동을 포함해 민주화를 위한 반독재 투쟁이 전개되었다. 이러한 정치적 격변기에 권력을 장악한 노태우 정부 시절 「지방자치법」의 개정안에 지방자치단체 거버넌스의 조정, 지방의 직접 선거 등이 규정되었다. 지방자치의 실질적인 시작은 바로 이때라고 할 수 있다. 당시 김대중(이후, 대통령)의 단식투쟁과도 연관이 크다. 노태우 정부는 박정희 독재정권에 의해 폐지된 지방의회 선거를 1991년에 부활시켰고, 주민의 지역 의사결정 참여로 정치적 분권이 부분적으로 시행되었다. 1991년 중단되었던 지방자치가 다시 부활되어 지방의회가 구성되었고, 1995년 지방자치단체장 선거를 통해 민선 자치시대가 열렸다. 김영삼 정부 들어 1995년 지방자치단체장, 도지사, 시장·군수·구청장 등을 주민이 직접 선거를 통해 선출해, 민선 1기 지방자치가 시작되었다. 특히, 분권과 지역균형 발전을 국가 정책의 주요 의제로 추진한 시기는 2003년 노무현 정부 출범 이후부터이다. 노무현 정부는 획기적 재정 분권 추진을 국정의 우선적 목표로 2003년 '지방 분권 추진 로드맵'(2003), 2004년 「지방분권특별법」을 제정해 분권의 틀을 구축하였다. 특히, 국가 사무의 지방정부로의 이양, 국세와 지방세 조정, 중앙과 지방 간 정책 협의체를 구성하였다. 그 산물이 바로 전국 시·도지사협의회, 전국 시·도의회의장협의회, 전국 시장·군수·구청장협의회, 전국 시·군·자치구의회의장협의회이다. 비록 4개의 협의체가 중앙정부 정책에 대한 거부권은 없지만, 정책 수립과 시행에 대한 자문·협의를 제도적 장치로 마련한 것이다. 참여정부 시절 분권의 가치를 강조해 이후, 지방소득세, 지방소비세 등을 도입(2010)하였지만 국세 대비 지방세 비중은 크게 증가하지 않았다.

그런데 되짚어 보면, 우리나라의 지방자치 역사는 그리 길지 않다. 4.19 혁명으로 등장한 민주당 정부가 1961년부터 지방자치를 도입한 바 있다. 그러나 5.16 쿠데타로 집권한 박정희는 1972년 유신헌법에 기초하여 지방자치제도를 아예 폐지해 버렸다. 중단되었던 지방자치는 이후 김대중 대통령의 요구와 단식(1990년 10월, 13일간)으로 1991년 전격적으로 실시되었다. 이때부터 지방자치라는 이름으로 정치적 분권(지방의회)이 시작되었다. 그러나 온전한 형태의 지방자치라고 하기에는 상당한 한계가 있다. 행정적으로 지방정부는 여전히 중앙정부의 획일적 지시를 이행하는 하위 행정 기관에 불과한 수준에 머물러 있다. 정치는 물론 재정적으로도 과거와 크게 다르지 않게 집권에 머물러 있다.

그런데 재정 분권을 주장하는 여러 목소리를 들어보면 '재정 분권'을 요구하는 것인지, '재정 확충'을 요구하는 것인지 불분명한 경우가 많다. 사실 지방재정의 조달 방식을 살펴보면 재정 분권은 사실상 재정 확충과 별로 다를 것이 없다. 지방정부는 예산은 편성하지만, 독립적 예산 편성 권한은 없다. 대부분 정부의 이전재원(많게는 80~90%)으로 예산을 편성한다. 그렇기 때문에 정치인과 자치단체장들이 외치는 '재정 분권' 역시 사실상 '재정 확충'에 불과한 경우가 많다. 제반 여건을 고려하면 재정 분권보다는 재정 확충이라는 표현이 더 정확한 상황이다. '연방에 버금가는 재정 분권'을 공약으로 내세웠던 문재인 정부마저 1단계, 2단계 '재정 분권'이란 것도 들여다보면 별 게 없다. 단순히 돈(지방소비세)을 조금 더 증액해 준 것에 불과하다. 연방에 버금가는 재정 분권이 의미하는 바는 단순하게 국세와 지방세의 비중을 8:2에서 7:3, 6:4로 전환하는 것이 아니다. 따라서 지방정부로 재정을 확충해 주겠다는 공약을 하였어야 옳았는데, 굳이 재정 분권이라 국민에게 호도한 것이나 다름없다. 어찌 보면 4할 자치는 쑥덕공론이였다라고 할 수 있다.

문재인 정부의 '연방에 버금가는 재정 분권'은 정치·행정적으로 연방 국가가 아닌 국가의 국민들에게 '연방식 재정 분권'은 낯설고 어려운 표현이다. 연방식 재정 분권 방식에 대한 부연 설명이 필요하

노무현 대통령은 취임식 연설 도중 "국정좌표를 분권과 자율로 정하고, 국민이 주인 되는 정치를 수행하겠다"며 새로운 지방 분권의 역사를 만들어 나갈 것을 천명하였다. 인구의 절반이 수도권에 거주하는 과밀화 현상을 사회 문제로 인식하고 대안으로 '지방 분권'을 제시하였다.

노무현 정부는 기존의 중앙집권적 방식에서 탈피해 사회적 문제를 해결하고자 하였는데, 구체적으로는 '지방 분권 기제를 활용해 풀뿌리 민주주의를 구현하고 재정혁신을 추구'하고자 하였다. 이런 맥락에서 중앙-지방의 기능 조정을 통한 재정 이양, 자주재원의 확대, 자주성 확대를 근간으로 한 지방 분권을 강조하였다. 노무현 정부는 지방자치단체로 이전되는 재원(국고보조금 등)이 지속적으로 늘어나는 것은 지방자치의 의미를 퇴색시키고 지방자치의 효율성을 떨어뜨린다고 보았다. 이러한 문제 인식을 바탕으로 출범부터 중앙-지방의 기능 조정 및 재원 이양, 자주재원 확대 및 균형발전, 지방재정의 자주성 등을 강조하였다. 결국, 지방교부세 법정률을 인상(2005년 18.3%에서 19.13%로, 2006년 분권교부세 보전 0.11%)하였고, 국고보조금을 정비{국고보조사업 533개 중 165개 이양(행정자치부 149개, 교육부 16개)}하여 12조 7,000억 원 중 1조 1,000억 원을 분권교부세로 이양하였으며, 지방양여금제도는 폐지하였다. 이전부터 지방양여금제도는 지방의 사회간접자본 확충을 위한 재원으로 국고보조금과 차별성이 없다는 비판이 제기되었는데, 성격에 따라 지방교부세, 국가 균형발전특별회계 및 국고보조금으로 넘어가게 되었다.

노무현 정부의 정책은 재정 분권을 핵심 의제로 설정하여 추진하였다는 점에서는 커다란 의의를 부여할 수 있다. 하지만 진정한 의미의 재정 분권은 재정 확충(이전재원 비율 인상 등)이 아니라는 점을 간과하였다는 점에서 다소 아쉬움이 남는다.

자료: 정성호(2018), 『대한민국 재정정책 70년사』.

다. 연방식 분권은 정치 분권, 행정 분권, 재정 분권 세 가지로 구분할 수 있다. 국가마다 정치·행정적 분권을 추진하고 있는 국가, 재정 분권을 추진하는 국가는 다양하다. 문재인 정부는 재정적 분권을 추진하려 하였던 것으로 이해된다. 그런데 2022년 문재인 정부의 분권을 평가해 보면, '연방에 버금가는 재정 분권'은 애초부터 달성이 불가능한 공약이었다. 왜냐하면 우리나라는 연방국가도 아니고, 지방정부로의 재정을 조금 확충한 정도에 불과하였기 때문이다. 문재인 정부는 적어도 노무현 정부의 분권 정책을 꼼꼼하게 살펴보았어야 하였다. 그랬다면 동일한 과오는 범하지 않았을 것이다(정성호, 2018).

3. 세입과 세출 규모로 분권화 수준 판단 시, 치명적 오류

국가의 분권 수준을 비교할 때 유용하게 활용되는 기준은 OECD 기준이다. [그림 3-1]의 가로축은 세출 분권(일반정부 세출 대비 지방정부 세출 비중)을 의미하고, 세로축은 세입 분권(일반정부 세입 대비 지방정부 세입 비중)을 의미한다. 즉, 개별 국가의 세입과 세출 분권 정도를 분권화 수준이라 명명한다. 우리나라의 세입 분권 수준은 17.58%이며, 세출 분권 수준은 41.28%이다. 세출 분권은 OECD 국가 평균

그림 3-1 OECD 국가 재정 분권 수준 (단위: %)

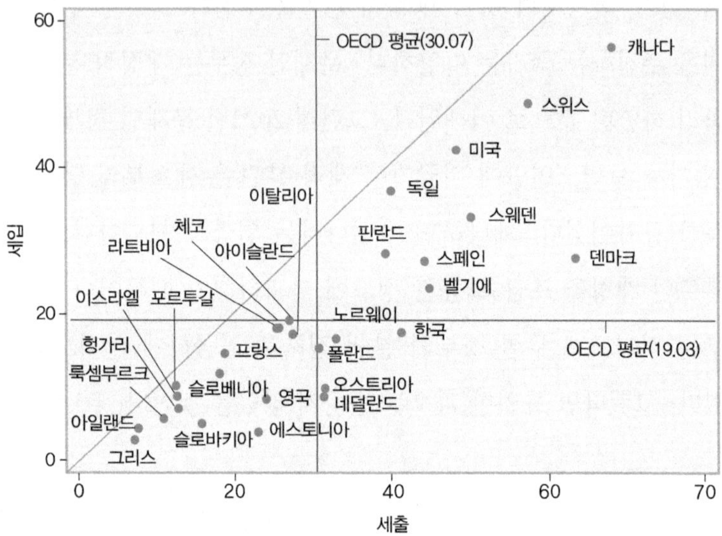

주: 45°선에 가까울수록 분권 국가.
자료: OECD(2019) 자료에 기초해 저자 작성.

(30.07%)보다 상당히 높다. OECD 기준의 세출 분권 지표로만 본다면, 분명히 재정 분권 국가군에 포함된다. 그러나 놓쳐서는 안 될 지점이 있다. 우리나라는 지방정부 세출예산의 약 70~90%가 중앙정부로부터 이전된다. 따라서 국제기구(OECD 등)에서 발표된 외형(세출 규모)만 보고 분권화 수준을 평가해서는 안된다. 한편, 세입 분권은 OECD 국가 평균에 못 미치는 수준으로, 분권 수준은 낮다고 할 수 있다. 그런데 분명한 점은 우리나라는 세입 분권 국가도 세출 분

권 국가도 아닌 재정 집권 국가에 가깝다고 이해하는 것이 더 타당하다고 할 수 있다.

이렇듯 재정 분권 수준을 논의할 때 일본, 독일, 미국 등의 국가와 같이 지방세 비중, 지방세출 비중을 단순하게 인용하거나 비교할 경우 명백한 오류를 범할 가능성이 크다. 왜냐하면 이들 국가의 경우 지방정부 스스로가 지방세수를 결정하고 징수하기 때문이다. 정부 재정지표는 개별 국가의 헌법 및 법률, 정치·행정의 구조, 역사적 요인 등 제반 요소를 고려하여 재해석해야만 의미 있는 비교분석이 가능하다. 따라서 개별 국가의 재정지표를 단순 비교하는 정도는 크게 문제가 없겠지만, 그 수치 정보를 정책 결정에 활용하게 된다면 심각한 오류를 범할 가능성이 크다는 것을 염두에 두어야 한다.

4. 재정 분권의 현 주소

어긋난 재정 분권

이미 여러 차례 언급한 바와 같이 재정 분권을 단순한 수사로 활용해서는 절대 안된다. 1991년 이래 지방자치가 다시 부활되어 30년이라는 시간이 흘렀다. 우스갯소리로, 30년 지방자치는 사람으로 치자면 이미 성년이 된 지 오래다. 그런데 아직 분가를 못하였다고 아우성이다. 부모 밑에 살기는 좀 어려우니 분가를 해달라는 것이다. 그런데 이유가 좀 요상하다. 쓸 돈이 부족하니 매년 일정 금액의 돈을 주면서 분가를 시켜달라는 것이다. 분가(독립)를 하려면 불가피한 경우가 아니라면 부모의 도움을 받지 않고 살아가야 한다. 돈은 없고 분가는 하고 싶은가? 우리나라의 지방 분권 또는 자치는 이상해도 많이 이상하다. 부모(중앙정부)가 돈을 좀 더 챙겨 주는 것이 분권인 양 인식되고 말았다. 중앙정부의 행태가 지방정부로 하여금 그렇게 인식하게 하는 토대를 만들기도 하였다. 그러니 자식(지방정부)은 돈을 벌 수단이 있음에도 애초부터 돈 벌 생각을 하지 않는다. 정치인(특히, 대선 후보) 또한 여기에 일조를 하였다.

지방자치 부활 30년이 지난 지금도 분권을 외치는 이유는 뭘까? 분권을 외치는 이해관계자는 누구일까? 주로 정치인, 지방 재정학자 및 자치학자 등일 것이다. 무엇인가 이상한 조합이다. 외형적으로 분권을 줄곧 이야기하였지만 실상은 오히려 집권이 구체화되었다. 말로만 분권을 하고 있는 것이다. 현실을 보면 중앙집권적 재정 구조에서 한 발짝도 벗어나지 못하고 있는데, 이는 중앙정부로부터 이전되는 국고보조금과 지방교부세 규모를 보면 정확하게 알 수 있다. [그림 3-2]에서 설명하고 있듯이, 국고보조금 규모는 지속해서 증가하였고, 사회복지 분야 국고보조금의 규모도 크게 증가하였다. 지방정부의 경우, 사회복지 분야 보조금이 늘어나는 것은 반길 일이 아

그림 3-2 국고보조금 추이 (단위: 조 원)

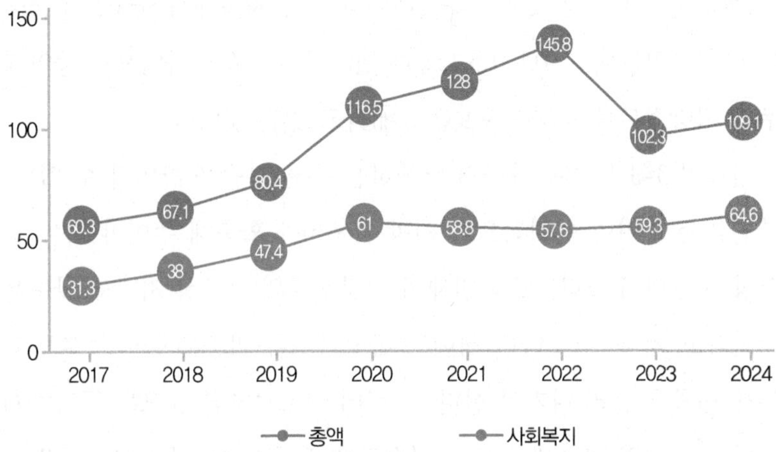

주: 2017~2022년 결산, 2023년과 2024년 예산.
자료: 공공데이터포털 홈페이지 자료 활용.

니다. 왜냐하면 중앙정부의 보조금에 상응하는 지방비를 부담('매칭펀드'라 부름, 보조금법률 시행령에 규정하고 있는 기준보조율에 근거)해야 하기 때문이다. 중앙부처의 사회복지 사무인데, 이를 왜 지방정부에 위임해 수행하면서 지방비를 부담시킬까? 이런 행태가 지속되는 이유는 중앙집권식 재정 구조 탓이다. 또 다른 이유 하나는 중앙부처의 보조사업 관리자는 보조금 관리(돈만 주면 되는)만 하면 되고, 그 자리를 유지해야 하기 때문이다. 그렇지 않으면 자기의 자리가 위태로워지니 당연지사이다.

분권의 바람직한 구조는 국고보조금 규모를 과감히 줄여 나가야 하는데, 우리나라의 경우 그 반대이다. 즉, 지속해서 국고보조금이 늘어나고 있는데(2021년 기준 122.5조 원), 국고보조금 사업으로 중앙정부가 지방정부를 규제(규율 또는 통제)하고 있는 것이다.

[그림 3-3]은 우리나라의 역행하는 분권 모습을 확인할 수 있다. 분권을 논하려면 원칙적으로 지방세(세수)를 확충해 주어야 하는데, 실상은 그렇지 않다. 설령 현재의 지방정부의 구조상 지방세 확충은 어렵다고 치자. 그렇다면 적어도 국고보조금 비중은 줄이고 지방교부세 비중은 늘려 나가야 한다. 그런데 국고보조금 규모는 급격하게 늘어났고, 지방교부세 규모도 지속적으로 증가하였다. 그도 그럴 것이 지방교부세는 내국세의 19.24%의 재원을 지방정부로 이전[4]하기 때문으로 급격하게 늘어날 수 없다. 근본적으로는 국고보조금 비중을 줄여 나가야 분권이라는 점을 간과한 것이다. 2024년 들어 지방교부세가 줄어든 이유는 세수 부족으로 인한 예산 미배정에 기인한다. 세수 결손을 이유로 온당 교부되어야 할 교부세를 내려보내지 않은 것이다. 그래놓고 교묘하게 자치단체로 하여금 예산 불용처리를 중용하였다. 이치에 맞지 않는다. 즉, 불용이 아니라 예산 미배정이다.

---

4 「지방교부세법」 제4조 제1항.

그림 3-3 지방교부세 추이 (단위: 조 원)

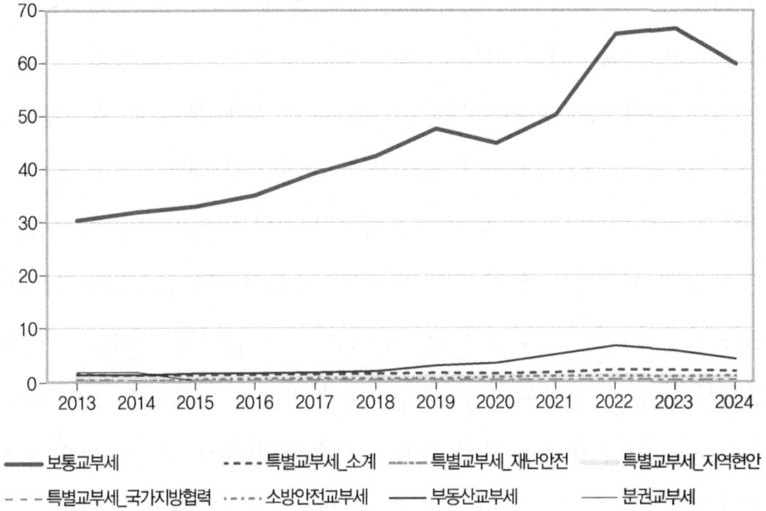

주: ~2023년 결산, 2024년 예산.
자료: 공공데이터포털홈페이지 자료 활용.

지방교육재정교부금도 바꿔야

최근 들어 지방교육재정에 관한 논의가 한창 뜨겁다. 주된 논의의 배경은 내국세의 20.79%로 지방교육청으로 이전되는 지방교육재정교부금[5] 구조가 합리적이지 않다는 것이다. 이 문제는 사실 오래전

5 「지방교육재정교부금법」 제3조 제1항.

부터 거론이 되어 왔다. 그런데 교육부(교육관계자 포함)를 비롯한 여러 이익집단에서 강력히 반발해 논의의 장에 올리지도 못하였다. 그런데 이제 교육부마저 이를 거부할 명분이 없어지게 되었다. 학령인구가 눈에 띌 정도로 확연하게 감소되고 있기 때문이다. 즉, 재정당국이 지방교육재정교부금은 내국세 비율에 따라 배분된다는 점에 의문을 제기한 것이다. 요지는 학령인구 감소를 반영하지 못해 방만하게 운영될 여지가 다분하다는 것이다. 지속적으로 감소되는 학령인구를 반영하는 등의 조치가 필요하다는 것이 일치된 견해일 것이다. 그래서 현행 지방교육재정교부금 산정 방식을 내국세의 20.79%로 할 것이 아니라 새로운 산정 방식을 적용할 필요가 있다는 논의가 시작되었다. 한편, 학령인구 감소를 반영하게 되면 지방교육재정교부금은 상당 규모의 여유재원이 생기게 되는데, 이 재원을 대학교육(국립대학 위주 무상교육[6])과 취학 전 아동 교육에 활용할 수 있겠다(정성호, 2021).[7]

[그림 3-5]는 학령인구 추이에 관한 설명이다. 현재 우리나라에서 적용되는 학령인구 기준은 나이로는 만 6~17세(만 3~5세 유치원으로 분류)이고, 초등학교, 중학교, 고등학교 학생 수를 의미한다. 학령인

6 그런데 한 가지 내키지 않는 구석이 있다. 국립대학 교수들 중에도 극소수의 경우 학문적 지성을 쌓기 위해 열심히 노력한다. 그런데 대부분의 국립대학 교수들은 학문(연구)에 매진하지 않는다. 국립대학 교수들의 업적 관리가 절실한 이유이다.

7 정성호(2021), 『인구소멸, 한국은 대비하고 있는가?』.

■ **그림 3-4** 지방교육재정교부금 추이 (단위: 억 원)

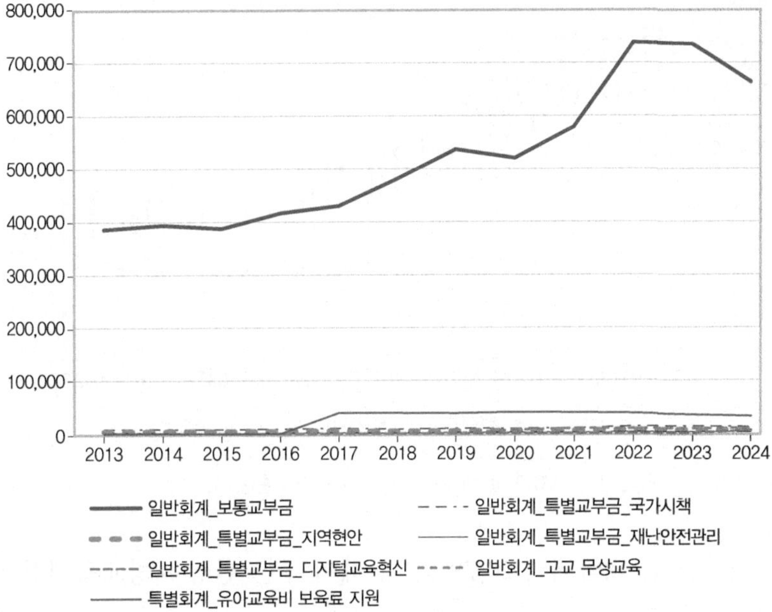

주: 1) ~2023년 결산, 2024년 예산.
2) 2024년 지방재정교부금이 줄어든 이유는 세수(국세) 결손에 따른 예산 미배정.
자료: 공공데이터포털홈페이지 자료 활용.

구는 2022년 기준 5,372,210명(초 2,695,845, 중 1,361,192, 고 1,315,173)에서 2047년 기준 3,881,170명(초 1,829,202, 중 1,005,225, 고 1,046,743)으로 감소될 전망이다. 학령인구 감소는 저출산과 직접 관련이 있으며, 심각한 사회 문제로 부각되고 있다.

기획재정부는 '2022년 경제정책방향'에 교육교부금제도 개편을

그림 3-5 학령인구 추이(만 6~17세) (단위: 명)

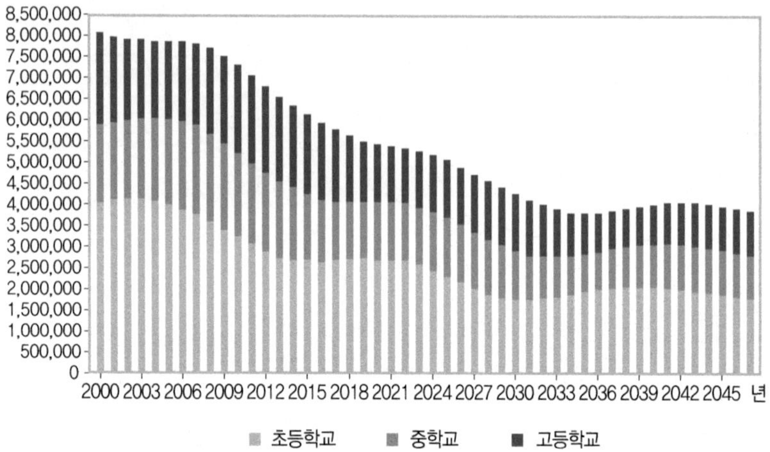

자료: 통계청, 『장래인구추계』(2019. 3), https://www.nypi.re.kr 자료 활용.

시사하였다. 내국세의 20.79%만큼 떼어 주는 현행 지방교육재정교부금 구조는 전면 개편이 필요하다는 것이다. 그런데 교육부가 이에 반대하였다. 교육부의 반대 논거가 좀 설득력이 낮지만 이해는 간다. 그런데 여기에 한술 더 떠 교육부와 당시 여당이 대학 지원을 위해 '고등교육재정교부금'을 신설하겠다고 하였다. 선뜻 이해가 가지 않는 대목이다.

기획재정부는 내국세와 연동되는(20.79%) 지방교육재정교부금을 실질적 교육재정 수요(학령인구 등)에 맞게 현실화해야 한다는 점을 부각시켰다. 이에 관한 지적은 정확하였다. 그런데 한 가지 추가적으로 지방교육재정교부금의 제도적 허점과 방만한 운영을 지적하는 목소리가 커지자 교육부가 '제도 개선 추진단'을 구성하고 24일 첫 회의를 개최하였다. 교육부는 "사회적 논의가 필요하다"면서도 "내국세의 20.79%를 매년 교육교부금으로 자동 배정하는 현행 제도 틀을 유지하겠다"는 입장을 고수하였다. 기획재정부가 "학생 수 감소에 맞추어 내국세와 연동된 교부금제도를 개선해야 한다"고 압박한 데 대해 앞장서서 거부 목소리를 낸 것이다. 학생 숫자가 줄어드는 가운데 예산을 흥청망청 쓰는 모럴 해저드가 교육 현장에서 넘쳐나고 있다. 그런데도 매년 자동으로 늘어나는 예산을 '일단 지키고 보자'는 식이니 우리나라 정부 부처가 맞는지 묻고 싶다. 나랏빚이 1,000조 원에 육박하는 상황에서 '내 식구 챙기자'는 퇴행적 이기주의라 비판하지 않을 수 없다.

2022학년도 초·중·고교 학령인구는 5만 6,000여 명이 줄어들지만 교육교부금은 65조 1,000억 원으로 지난해에 비해 5조 5,000억 원 늘어났다. 내국세에서 20.79%를 무조건 떼 주는 법규 때문이다. 학생 수가 감소하는 상황을 고려해야 한다는 여론에도 교육부는 "학생 수보다는 학교와 학급, 교원 수가 교육재정 수요에 훨씬 큰 영향을 미친다"고 반박하였다. 하지만 교육부가 2030년까지 초·중·고교 교원을 3만 5,000여 명 감축하는 계획까지 세워둔 마당이어서 설득력이 없다.

교육부는 개선안으로 교육교부금을 고등·평생·직업교육에 지원할 수 있도록 하는 '공동사업비 모델'을 제시하였지만 예산을 지키려는 임시방편이라는 지적이 나온다. 그동안 각 시도교육청이 반대해 온 모델인 탓이다. 게다가 더불어민주당과 교육부가 한술 더 떠 대학을 지원하는 고등교육교부금제도 신설을 추진하고 있다고 하니 황당하다. 교육 현장의 수요와 상관없이 예산을 배정하는 불합리한 구조는 바로잡아야 한다. 코로나19로 소상공인에 대한 예산 지원이 힘겨운 상황에서 교육 현장만 돈잔치를 하고 있으니 기가 막힌 일이다. 재정 비효율의 극치다. 내국세의 일정 비율을 자동으로 떼 주는 50년 묵은 낡은 법 규정은 이번에 반드시 고쳐야 한다.

자료: 매일경제(2022. 1. 25), 「교부금 수술 반대하는 교육부의 퇴행적 이기주의」, p. 35.

제시한 내용은 석연찮다. 지방교육재정교부금 중에서 남은 재정을 대학 교육과 지방재정에 배분하자고 하였다. 즉, 교육재정을 지방재정에 배분하자는 발상은 교육부가 선뜻 받아들일 수 없는 제안이었을 것이다. 그보다는 이미 설명한 '취학 전 교육'과 '국립대 위주의 무

그림 3-6 지방교육재정교부금 개편 요지

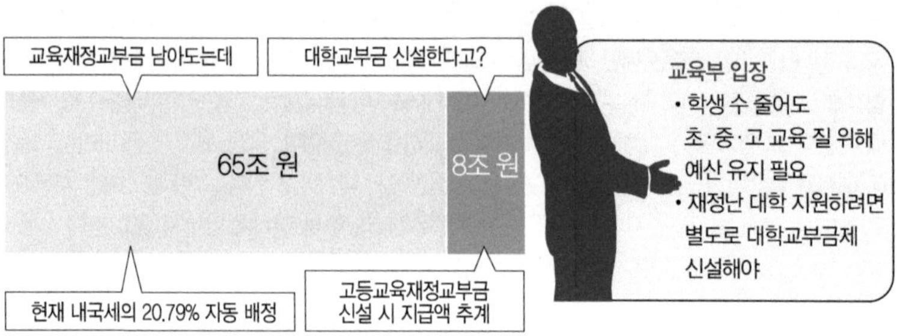

자료: 매일경제(2022. 1. 25), 「교부금 넘치는데 따로 대학지원금 만들자는 교육부」, p. 2.

상교육' 등에 한정하였으면 좀 더 설득력이 있었을 것이다.

최근 학령인구가 급속히 줄고 있어, 연간 수조 원의 지방교육재정교부금이 남아돌고 있다(이월 및 불용). 따라서 내국세의 20.79%의 비율로 떼어 주는 지방교육재정교부금의 대수술이 필요한 것은 사실이다. 그런데 교육부는 "현 제도는 그대로 두고 대학용 교부금을 추가로 신설하겠다"고 주장한 것이다(약 8조 원 규모). 왜냐하면 지방교육재정교부금은 유치원, 초·중·고교 예산으로, 대학 예산에의 활용은 불가능하다. 교육재정교부금의 대수술을 요구하였던 기획재정부 입장에서는 교육부와 정부 여당의 고등교육재정교부금 신설에 당혹스러웠을 것이다. 개편을 하라 하였더니 혹을 하나 더 달고 나타난 것이다. 2022년 기준, 지방교육재정교부금은 65조 원 규모이다(지방정부의 이전금 제외, 세계잉여금 정산분 5조 원을 더하면 70조 원 규모). 여기에 대학 교부금 신설을 가정하면 8조 원인데, 총규모는 73조 원이다(세계잉여금 정산분을 포함 시 78조 원). 현행 교육재정교부금제도를 유지한 상태에서도 교육재정의 이월·불용액 규모(2015년부터 2019년까지 31조 원, 연평균 6조 원)가 지속해서 늘고 있는데, 이에 추가해 대학 교부금 제도를 신설한다는 것은 이치에 맞지 않는다. 결국 교육부 입장이 받아들여져 고등·평생교육지원특별회계가 신설되었다.

자율성만 주장하는 지방정부의 분권?

> "실수를 범할 자유와 실수의 결과를 감당할 자유는 모든 국가에서 지방자치의 중요한 요소이다. 실제로 지방정부가 실수할 자유를 포함하여 지방 세입에 대한 자율성을 갖지 못한다면, 책임성 있는 지방정부란 달성할 수 없는 신기루에 불과하다"(Bird, 2000: 8).

우리나라의 역사를 거슬러 올라가 보면, 고려 왕건 이후 줄곧 중앙집권적 구조였다. 제헌헌법 이후 유신헌법 등을 거치면서 중앙집권은 더욱 강화되었다. 그러다 보니 오늘날에 와서는 중앙집권 구조가 사회의 발전을 저해하는 요인이 되고 말았다. 한국 사회에서 지방분권과 지방자치는 주요한 정치·사회적 의제이다. 대통령 선거에서조차 후보들은 지방 분권을 주요 공약으로 내걸고 있다.

문제는 자치단체가 재정 분권을 외치는 가운데, 재정 확충과 그에 따른 자율성을 더 보장해달라고 요구하고 있는 것이다. 아쉽게도 자치단체에서 책임성을 주장하는 사례는 그 어디에서도 찾아볼 수 없다. 한마디로 중앙정부는 지방정부로 돈만 더 많이 주면 될 뿐, 그 나머지는 우리(지방정부)가 알아서 할테니 신경 쓰지 말라는 것이다. 즉, 재정 분권과 재정 확충은 항등식이 되어 버린 지 오래고, 책임성보다는 자율성을 외쳐 대는 웃픈 현실이 된 지 오래다. 이래서야….

5. 누가 재정 분권을 원할까?

재정 분권과 관련된 이해관계자는 누구일까? 크게 정치인, 관료, 국민이라 할 수 있다. 그 다음은 '누가 재정 분권을 원할까?'라는 구체적 질문을 해보자. 그 대답은 '아무도 원하지 않는다'라는 표현이 가능하다. 공공선택 이론(public choice theory)에 따르면, 정치인, 관료, 국민 등 개별 이해관계자들이 지대 추구[8]를 한다. 즉, 정치인은 선거에 당선되어야 하기 때문에 득표 극대화가 최우선 목표이다. 관료들은 자신의 조직과 예산을 늘리기 위해 노력함은 물론 정치인과 협업한다. 국민은 정책을 합리적으로 판단하기보다는 정치적 이념이나 슬

8 지대 추구란 기득권의 울타리 안에서 자기 이익을 위해 비생산적 활동을 한다는 의미이다.

로건에 영향을 받는다(이를 '합리적 무지'라 부른다). 따라서 정치인(선출직), 관료, 국민들에게 '분권'이라는 유인이 얼마나 클지는 의문이다. 즉, 이해관계자들이 지대 추구를 하게 된다면 재정 분권과 다소 거리가 있을 것이라는 의미이다. 이제 정치인, 관료, 국민으로 구분해 실제로 분권을 원하는지에 관해 설명해 보자.

정치인

선거로 당선된(될) 대통령, 국회의원(지역구, 비례)들은 실제 재정 분권을 원할까? 그 대답은 '아니오'가 맞을 듯하다. 정치인들은 국가를 위해 헌신한다(즉, 공익 추구)고는 하나, 실질이 어떤지를 정확히 알 수 없다. 단편적으로 생각해 보면 공복이 되기 전 우선 당선이 되어야 하니 '득표 극대화'(즉, 지대 추구)를 가장 중요시하지 않을까 싶다. 그도 그럴 것이 선거에서 당선되는 것이 가장 중요한 목표니 어찌 되었든 선거에서 이겨야만 한다. 선거를 통해 당선되기 위해 정치적 이념이나 슬로건(즉, 공약)을 내세워 표를 얻으려 한다(매표 행위, 지대 추구)는 것이다.

선거 시기만 되면 대통령 후보들이 재정 분권을 주장하는 근본적인 이유일 것이다. 실상은 재정 확충에 불과한데도 말이다. 하지만 당선된 이후 재정 분권 추진의 경로는 불보듯 훤하다. 당선 전 공약으로 재정 분권을 외쳤다 하더라도, 당선 후 정부가 구성되고 난 이후 재정 분권은 후순위로 밀려나고 만다. 그래서 재정 분권이라는 수사만 남게 되고, 결국에는 다음 선거철이 되어야만 재정 분권이라는 수사가 다시 소환된다. 이처럼 매번 선거철만 되면 재정 분권! 재정 분권!을 외치는 수사만 난무할 뿐이고, 자치단체로 일부 재정 지원을 늘리는 수준에서 정리되고 만다.

또 다른 정치인인 국회의원(또는 후보)들은 대통령 후보와 뭐가 다를까? 그 대답은 간명하다. 국회의원(후보)들의 공통된 행태는 선거유세기간에 중앙정부로부터 돈을 많이 확보(또는 확보할 예정)하였다고 외쳐 댈 것이 분명하다. 즉, 대다수 국회의원(후보)은 극히 일부 공약을 제외하곤, 자신의 공약 이행을 위해 중앙정부와 협력해 국고보조금을 많이 확보하겠다고 한다. 재선을 노리는 국회의원이자 후보라면 재임기간(또는 매해) 동안 국고보조금을 얼마 확보해 지역발전에 기여하였는지 자랑하기 급급하게 된다. 지금도 연초 또는 설 또는 추석 명절이 되면 거리 곳곳에 "지역 관련 예산 ○○○억을 확보하였노라"고 하는 현수막을 심심찮게 볼 수 있다. 그게 아니라 국회의원이라면 "지역구 발전을 위해 ○○정책을 입안했노라"라 해야 하고, 자치단체장이라면 "한정된 재원을 효율적으로 활용해 ○○정책을 구현했노라"라고 해야 옳다. 즉, 정책 현안을 해결하였다고 자신의 정책능력을 홍보하기보다 국고보조금을 확보하였다는 점을 내세워 매표행위를 한다. 이렇듯 자신의 치적을 알려야만 또 다시 선거에서 당선

될 수 있기 때문에 한 측면에서는 납득이 간다. 그러나 이러한 행태를 보면 한국의 경제 수준은 선진국 수준에 진입하였는지는 몰라도, 정치인들만은 일부를 제외하고 아직 저급한 삼류 후진국 수준에 머물러 있다. 국회의원의 고유 업무는 입법 행위이다. 그런데 자신 또는 타 국회의원이 과거에 제출하였던 입법(안)까지 재탕해 또 다시 제출하기에 급급하다. 능력과 자질이 모자란다는 것이다. 그도 그럴 것이 국회의원(후보)의 정책 해결 능력이 선거에 직접적 영향을 미치지 못한다. 이는 국민들의 투표 행위와도 관련이 있다. 즉, 학연, 혈연, 지연에 기초해 투표를 하는 행태에서 벗어나지 못하였다. 그러다 보니 후보들은 자신의 정책 해결 능력과 별개인 인맥(학연 및 지연)을 동원해 매표 행위를 하게 되고, 확보한 국고보조금 규모를 버젓이 개인의 능력인 양 부각시키게 되는 것이다.

현재와 다른 재정 분권 체계가 공고히 된다고 가정해 보면, 이제 국회의원의 행태는 어찌 변할 것인가? 현재와 같이 예산을 확보하였다는 식의 국회의원의 매표 행위는 불가능하게 된다. 그래서 조심스러운 판단이지만, '국회의원은 분권을 좋아할 리가 없다'는 결론에 도달할 수 있다.

관료(공무원)

관료의 지대 추구는 정치인과 매한가지이다. 관료는 중앙정부와 지방정부의 관료를 구분할 필요가 있다. 재정 분권과 직접적으로 관련이 있는 중앙부처는 기획재정부, 행정안전부, 교육부 등이다. 중앙과 지방재정의 포괄적 관리는 기획재정부가 관여한다. 행정안전부는 지방교부세(내국세의 19.24%가 지방정부로 이전)를 관리하면서 시쳇말로 자치단체에게 갑질 아닌 갑질을 한다. 교육부는 지방교육재정교부금(내국세의 20.79%가 17개 지방교육청으로 이전)을 관리하면서 지방교육청에게 슈퍼 갑질을 해 댄다. 특히, 교육재정이 문제인데, 교육부 스스로가 한 푼의 세금도 걷지 않기 때문에 책임성을 가질래야 가질 수 없는 것이다. 법률에 기초해 교육재정교부금 규모가 정해지니 걱정을 할 턱이 없다. 스스로가 세금 한 푼을 걷지 않고, 중앙정부와 자치단체가 따박따박 이전해 주는 돈으로 살림을 살면 된다. 그러니 책임 있는 재정 운영이 요원해진 것이다. 교육재정은 자치단체의 일반자치에서 교육자치로 이전되는 예산도 있다.

2015년부터 2019년까지 동안 연간 6조 원 이상씩 이월 및 불용이 생겼는데도 크게 걱정하지 않는다. 이월 및 불용이 문제시되자, 교육부는 지방교육청에 이월 및 불용금액만큼 지방교육재정교부금을 삭감하겠다고 으름장을 놓은 것이 전부이다. 그런데 이 으름장은 재정 운용의 상식도 모르는 것이다. 이월 및 불용액만큼 삭감하겠다는 것은 그러지 않아도 막 쓰기 바쁜 교육청에게 불용만 줄이면 될 뿐 "더 막 쓰라"는 의미로 밖에 전달되지 않는다('땅 짚고 헤엄치기'를 더 하라는 것). 기가 찰 노릇이다. 또한 학령인구 감소가 가시화된 지 적잖은 시간이 흘렀는데도 별다른 문제의식도 없어 결국 외부의 시각에서 개편될 것이 분명해졌다. 이에 대해서는 2022년 들어 가열차게 논의되었고, 마치 창(기획재정부)과 방패(교육부) 놀이가 계속되었다. 당시 문제 해결을 위해 기획재정부가 나서서 「2022년 경제정책 방향」을 발표해 지방교육재정 개편을 제안하였지만, 결국 고등·평생교육지원특별회계(~2025)[9]가 설치되고 말았다.

중앙부처 간 재정 관계 측면에서는 기획재정부가 막강한 권력을 지니고 있지만, 중앙-지방정부 간 관계(IGR)는 행정안전부와 교육부가 우월적 지위(또는 권력)를 지니고 있다. 이러한 행태는 과거 중앙집권적 재정 구조에서 비롯된다. 말로는 분권! 분권!을 외치고 있지만 기획재정부 관료(예산실 등)는 결코 재정 분권을 반길 리 없다. 그렇다고 해서 행정안전부 관료(지방세제실) 또한 반길까? 결코 재정 분권은 반길 수 없는 것이다(아니 반기지 않는다). 행정안전부는 외형적으로 재정 분권을 옹호하는 것처럼 떠들지만, 실상은 분권을 저해하는 거대 장애조직에 가깝다. 왜냐하면 행정안전부는 지방교부세라는 강력한 수단을 스스로 포기할 리가 없다. 마지막으로 교육부 관료(교육재정실)는 어떨까? 굳이 답하지 않아도 쉽게 짐작이 가능하다.

9 유·초·중등 지방교육재정에 투입되는 교육세 세입의 일부를 활용하여 대학에 일시적으로 자원하기 위해 만들어진 특별회계로 2023년부터 시행되었다.

지방교육재정교부금이라는 강력한 무기를 손에서 내려놓을 수 없다는 이야기이다.

그렇다면 과연 자치단체 관료(특히, 예산 관련)들은 분권을 찬성하고 있을까 궁금해진다. 과연 분권을 반길까? 지금까지 자치단체 관료(특히, 예산 관련)들의 역량 평가 기준은 기획재정부와 행정안전부가 협력해 얼마의 예산을 확보하였는지가 준거 기준이 되었다. 4차 산업혁명을 논의하고 있는 시기인 지금에도 버젓이 벌어지고 있는 행태이다. 과거 경제개발기 때 인식에서 전혀 벗어나지 못하고 있는 것이다. 지금도 자치단체 관료들은 한 푼이라도 더 많은 지방교부세를 확보하기 위해 사활을 걸고 있다. 또한 한 푼의 균형발전특별회계 예산이라도 더 확보하려고 기획재정부에 목을 맨다.

표면적으로는 재정 분권에 동조하는 것 같지만, 내심 '예산만 더 많이 주면 그뿐'이라 생각하고 있을 것이다. 세입 분권 관점에서 보면 자치단체는 지방세수 확보를 위해 구체적인 노력을 해야 한다. 그런데도 그렇게 하고 있는 자치단체는 찾아볼 수 없다. 일례로, 「지방재정법」 규정에도 불구하고, 아직까지 '탄력세'를 적용한 자치단체는 찾기 힘들다. 그도 그럴 것이 선거로 당선되어야 하는 자치단체장이 감히 이를 추진하기는 어렵다.

그래도 행정안전부에서 재정분석·진단 시 평가에 활용하겠다는 강한 의지를 내비친 결과 1건은 성공하였다. 바로 주민세 인상이다.

적지 않은 지방정부가 동참해 주민세 6,000원에서 10,000원으로 인상하였는데, 약 10년의 세월이 걸렸다. 이는 아무래도 중앙집권 체계에 익숙해진 탓이다. 근본적으로는 국가가 주는 예산으로 지방재정을 운영하는 것이 수월하기 때문이다. 지금도 말로만 재정 분권을 외치고 있는 것이 아닌지, 다시 한번 생각해 보아야 할 것이다.

국민

국민은 재정 분권을 원할까? 그리고 또 재정 분권을 알고는 있을까? 아쉽게도 국민은 집권인지 분권인지에 관해 큰 관심이 없을 것이다. 중앙정부가 재화와 서비스를 제공하는지, 아니면 자치단체가 제공하는지는 큰 관심거리가 아니다. 다만 누가 제공하든지 상관없이 재화와 서비스를 제공받기만 하면 그뿐 아니겠는가? 또한 대부분 국민이 분권과 집권을 정확하게 구분하지 못한다. 국민들은 세금을 납부하면서도 이것이 국세인지, 지방세인지조차도 구분하지 못한다. 외국의 경우 오래전 조세저항 사례가 발생되었지만, 우리나라는 아직까지 조세저항 사례가 없었다(동학농민혁명의 원인이 조세저항이기는 하다). 착한 국민이다. 불평불만은 있어도 정부가 고지서를 발부하면 아무튼 납부를 한다. 또다시 세간의 화제가 된 2021년 종합부동산세 납부가 그 사례 중 하나이다.

'집권'과 '분권'은 국민들에게는 관심 영역 밖이다. 국민들은 오히려 집권을 더 선호할 수도 있겠다는 생각이 든다. 세상을 떠들썩하게 한 코로나19 때나 재해재난(특히, 최근 산불) 때를 생각해 보라. 이러한 상황을 가정해 보면 조심스럽지만, 이러한 예측이 크게 틀리지 않을 거란 판단이다.

이제 종합해 논거를 펼쳐보자. 정치인(대통령, 국회의원 등)들이 주장하고 있는 재정 분권은 진정한 의미에서 분권을 정확히 이해하고 있는지조차 명확하지 않다. 재정 확충을 재정 분권으로 이해하고 있는 것이 분명하다. 관료들 또한 줄곧 재정 분권을 주장해 왔지만, 현행 체계인 집권이 그리 나쁘지는 않다는 생각일 것이다(중앙정부 및 자치단체 관료). 더욱이 국민들은 아예 집권과 분권을 구분조차 하지 않는다.

제 2 편

그 어디에도 분권은 없었다

그 어디에 분권이 있을까? 행정, 정치, 재정 그 어디에서도 분권은 없었다. 분권이란 수사가 매번 선거철만 되면 소환되었을 뿐이다. 지금껏 재정만 조금 늘려 주고 분권이라 호도하였다.

실질적 분권을 하려면 행정, 정치, 재정의 분권을 구분해 세부 대안을 추진해 나가야 한다. 좌충우돌 분권이 되어서는 안되고, 교육사무는 지방자치에 통합하고, 교육재정도 지방재정에 통합해야 한다. 분권이라는 멈춰진 태엽 시계를 다시 돌려야 할 때이다.

4

한국 분권 제대로 보기

1. 큰 오해 몇 가지(선악, 균형발전, 재정 확충, 인구소멸)
2. 재정 분권, 무엇이 문제인가?
3. 재정 분권, 무엇을 고려해야 하나?

1. 큰 오해 몇 가지(선악, 균형발전, 재정 확충, 인구소멸)

재정 분권은 선 또는 악으로(이분법) 인식되어서는 안된다. 또한 '2할 자치'라는 정치적 수사를 활용해서도, 재정 확충과 균형발전을 재정 분권으로 왜곡해서도 안된다. 재정 확충, 균형발전 및 재정 분권은 각기 다른 개념이다. 또한 매번 정부가 바뀔 때마다(대통령 후보 공약) 재정 분권을 외쳤지만 변화된 것은 거의 없다. 재정 분권은 주장에 그쳐서는 안되고 실질을 추구해야 한다. 재정 분권은 주장만 난무하였을 뿐 멈춰진 태엽시계(1991년 지방자치 부활 시점)에 불과하다. 올해가 바로 지방자치 30주년이다. 이제 그 태엽을 다시 돌려야 할 때이다. 그 방향성은 자율성과 책임성을 담보할 수 있는 재정 분권이다. 자율성과 책임성 강화는 지속 가능한 재정의 출발점이자 궁극적 목표가 되어야 한다.

과거부터 재정 분권을 논의할 때마다 가장 크게 다루어진 주제는 국세와 지방세의 구조였다. 국세와 지방세가 8 : 2로 배분되는 형태로는 완전한 재정 분권을 이룰 수 없다는 논지였다. 실질적으로는 자치단체의 모자란 재정을 중앙정부에서 더 내려 주어야 한다는 주장이었다. 최근까지 논의되고 있는 재정 분권의 방향 또한 이와 크게 다르지 않다. 지방으로 재정을 더 많이 내려 주어야 한다는 주장(재정 확충)이 있고, 일부에서는 "보조금은 줄여야 한다"는 주장도 있다. 일면 상충되는 의견으로 보이는 다양한 의견은 모두 재정 분권의 맥락에서 나온 것이다.

그런데 '재정 확충을 중심으로 한 재정 분권'은 근시안적 대안에 머물 가능성이 높다. 재정 분권은 재정의 '자율성'을 가져야 하는데, 이를 위해서는 자치단체가 '책임성'을 갖고 재정을 운영할 수 있어야 한다. 다시 말해, 지방정부가 자체재원으로 과세 자주권을 행사하여 공공서비스를 제공할 수 있을 정도의 책임성을 담보해야 한다는 것이다. 재정 분권을 위한 자치단체의 요건은 다음과 같은 질문으로 요약할 수 있다.

- 지방 공공서비스를 제공하기 위한 지출은 자체 수입으로 해결이 가능한가?
- 지방 공공서비스 편익은 적절한 비용(대가)을 지불하고 있는가?
- 공공서비스를 제공하기 위한 재원 확보는 지방세 증액으로 가능한가?

아쉽게도 현재 자치단체들은 이러한 질문들에 긍정적인 답을 내놓기 어렵다. 자율성도 책임성도 담보하지 못하는 실정이다.

우리나라는 김대중 정부부터 윤석열 정부에 걸쳐 재정 분권을 추진하였지만, 정부는 국고보조금과 지방교부세를 지속적으로 확대하고 있어 중앙집권 구조를 강화한 형국이다. 이는 정부의 재정 분권의 목표(인식)가 불분명하고, 그 방향성마저 분명하지 않기 때문이다. 단순 재정 확충(예, 지방소비세 인상)은 재정 분권이 아니다. 과거 중앙집권(예, 군부독재)을 경험한 국민들이 집권은 무조건 나쁜 것이라는 인식(경로의존성)을 갖고 있다. 과거 독재집권의 폐해가 재정에 그대로 투사되었기 때문이다. 은연중에 재정 분권은 마치 절대적 선으로 인식(이분법적 사고)되고 있는데, 이는 바람직하지 않다. 그 결과, 과거부터 지금까지 국세와 지방세의 비중을 8 : 2에서 6 : 4로 늘려야 한다는 허무맹랑한 주장을 반복하고 있는 것이다. 그 주장의 핵심은 지방세 20%(국세 대비 지방세의 비중 2할)는 적정 재정 분권이 아니기 때문에 지방세 확충이 필요하다는 논거다. 이제 "재정 분권이 절대적 선인가? 재정 확충이 재정 분권인가?"에 관해 근본적인 질문을 던져 보아야 한다. 최소한의 책임성과 자율성도 없는 자치단체가 과연 재정 분권을 논하는 것이 타당한지도 검토해 보아야 한다. 재정 분권의 핵심은 자치단체의 책임성과 자율성을 담보하는 것이 무엇보다 중요하다. 그렇다면 재정자립도에 기초하여 재정 분권의 방향성을 명확히 할 필요가 있다. 우선, 지방교부세 불교부 단체와 재정자립도가 80% 이상인 지방정부가 온전한 재정 분권을 추진하되(모든 정책 결정 과정에서 자율성을 의미), 다만 재정자립도 30% 이하 지방정부의 재정 권한은 폐지(중앙정부로 회귀, 세출예산 규제)하여야 되지 않을까 싶다(대부분 기초자치단체).

2. 재정 분권, 무엇이 문제인가?

현재까지 논의되고 추진된 재정 분권의 문제들을 정리하면 다음과 같다.

첫째, 지금까지 추진되어 온 재정 분권은 '재정 확충' 범주에서 크게 벗어나지 못하였다. 지속적으로 재정 분권을 추진하였다고는 하는데, 단순히 국세와 지방세의 비율 조정에 머물러 있어 과거와 크게 다르지 않은 상황이다. 그런데도 문재인 정부는 6:4라는 수치적 목표를 세워 분권을 추진하였다. 일견 이해는 간다. 그런데 6:4 구조가 되면 무엇이 바뀌는지, 진정한 분권이 완성되는지에 관한 체계적인 고민이 없었다. 과거 정부와 별 다를 바 없는 재정 분권을 제시한 것이다.

둘째, 현재 상황을 고려한 재정 분권 대안을 제시하지 못하였다. 저출산·고령화로 인구소멸이 나타나는 자치단체도 등장할 수 있는 상황이다. 머지않아 소멸될(없어질) 자치단체에 재원을 투자하는 문제는 책임 있는 대안을 내놓기 어렵다. 이렇듯 어려운 상황에 '탄소

중립 추진'이 추가되었으니 자치단체는 더 어려워졌다.

셋째, 학령인구 감소를 반영한 재정 분권 대안을 제시하지 못하였다. 인구소멸과 함께 급격한 학령인구 감소도 예상되고 있다. 이에 부합하는 효율적 재정지출 대안을 제시하기 위해서는 교육지출 조정, 교육정책 주체의 조정, 자치단체에 자율권 부여 등이 논의되어야 한다.

넷째, 지방재정과 교육재정의 통합을 고려해야 한다. 재정에 대한 고민 없이 교육자치(교육부/교육청 구분 없이 교육 기능의 자율성만 요구)만 주장하는 것이 논리에 맞는지 의문이다. 같은 맥락에서 지방정부와 별개로 교육자치를 주장하는 것은 자치단체의 근간을 흔드는 것이다.

다섯째, 243개 자치단체를 유지하는 것은 비효율적이다. 현재는 중앙정부와 자치단체(광역, 기초)의 기능(사무)이 크게 다르지 않다. 좀 과장하면 1개의 중앙정부(국가)와 243개의 자치단체를 합쳐 244개 정부를 운영하는 꼴이다. 이처럼 지방정부 간 사무 중복이 개선되지 않은 구조에서는 지속 가능한 재정 운영을 할 수도 없고 인구소멸도 대비할 수 없다. 현재의 광역시·도 체계는 폐지하고 광역형 거점도시(50여 개)로 개편이 필요하다는 주장에 귀를 기울여야 한다(정성호, 2018).

여섯째, 재정 분권에 맞지 않은 재정 거버넌스가 문제이다. 재정 분권을 주장하면서, 중앙정부(기획재정부, 행정안전부, 교육부 등)-광역자치단체-기초자치단체, 이러한 3층 재정 구조를 유지하는 것은 시대착오적 발상이다. 중앙정부와 자치단체(광역 이하는 하나의 재정 구조로 인식, 2층 재정 구조) 체계로 개편하는 것이 타당할 것이다. 이는 결국 정치와 행정 분권의 초석이 된다.

끝으로, 현 기획재정부 예산 및 기획 기능을 청와대 직속 기관으로 이관하는 것을 고려해야 한다. 과거보다 재정이 녹록지 않은 가운데 난제(wicked problems)가 산적해 있다. 기존의 재정 위협 요인(저출산, 고령화 등)에 더해 탄소중립 2050도 추진해야 한다. 그래서 재정 기능 컨트롤타워 역할이 무엇보다 중요해졌다. 2008년 이명박 정부 출범과 동시에 기획재정부(이전 정부의 '기획예산처와 재정경제부'가 통합)가 통합되었지만, 재정 기능의 개편이 또 다시 거론되고 있다. 정부 정책을 효율적으로 뒷받침하자는 이유에서다. 대안으로, 미국 백악관 직속 OMB 구조를 제안한다. 즉, 현재의 기획재정부는 기획예산처와 재무부로 분리 개편을 전제로 청와대 직속으로 현재 기획재정부의 '기획과 예산 기능'을 분리해 이관하고(국무총리실로 이관되는 것보다는 더 합리적일 듯), 아울러 법제 기능(현, 법제처)을 추가로 이관하는 것이다. 다만, 미국은 완벽한 삼권분립 체제이고, '대통령 예산안'은 OMB가 마련하지만, 실질적 예산 편성의 권한은 의회가 갖고 있다. 이와 달리 막강한 인사 권한을 가진 청와대에 기획과 예산 기능을 이관한다면 청와대의 권한이 과도하게 집중된다는 우려가 크다. 결국 지금보다 더 제왕적 대통령이 될 수 있다(개헌도 필요해 보인다). 난제를 해결하기 위해 청와대 직속 미국의 OMB 체계로 개편을 한다면, 현재와는 완전히 다른 국회와 감사원(국회로 기능 이관)의 역할이 요구된다. 그간 이 기관들의 행태로 미루어 짐작해 볼 때 또 다른 난제가 될 수 있다.

3. 재정 분권, 무엇을 고려해야 하나?

재정 분권은 행정 개편과 함께 해야… 50여 개 광역형 거점도시로

지방자치가 시작된 지 30년이나 지났다. 그런데 재정 분권은 여전히 시대적 과제로 남아 있어 다양한 논의가 뜨겁게 분출되고 있다. 이러한 현실은 과거의 중앙집권적 재정 구조가 그대로 유지되고 있다는 사실의 반증이다. 그렇다면 모두가 주장하는 바와 같이 지방교부세의 법정교부 비율만 올리면 재정 분권이 이루어질까? 아니면 독일처럼 공동세를 도입하면 재정 분권이 해결될까? 하여간 문재인 정부는 지방소비세를 총 10%p 올렸고, 추가로 4.3%p 더 올렸다(내국세의 25.3%). 결국 재정 확충에 머물렀다. 분권에 관한 대부분의 공론들은 재정 분권의 핵심과는 거리가 멀어 보인다. 세부에만 매달려 미시적 해결책을 내거나 제자리걸음의 공허한 대안에 머문 경우가 많다. 실천적 대안에 대한 고민이 필요하다. 무엇보다 재정 분권에 관한 한 지속 가능성을 염두에 둔 패러다임의 전환이 필요하다. 자치단체의 지속 가능한 재정 운영(생존)을 고려해야 한다.

이와 관련해서 과거 지방 분권을 핵심으로 내건 노무현 정부(재정 개혁의 선구자)의 재정 개혁이 왜 진전을 보이지 못하였는지 냉철한 반성이 필요하다. 노무현 정부의 재정 개혁이 안착하지 못한 것은 근본적으로는 중앙정부가 중앙집권적 재정 구조를 고수하였기 때문이다. 게다가 자치단체도 자체재원을 확충하기보다는 의존재원으로 살림살이를 하는 것이 효과적이라고 판단하였다. 그 결과 중앙정부는 보조금 등 이전재원으로 지방정부를 통제하고, 자치단체는 재정 운영에 있어 도덕적 해이에 빠지게 되어 있다. 중앙정부(기획재정부, 행정안전부)와 243개의 자치단체가 공히 자신의 이익만을 추구한 결과이기도 하다.

지속 가능한 재정 분권을 위해서는, 지방세수 확충을 위해 지방교부세의 법정교부 비율의 상향 조정, 공동세 도입을 넘어서는 새로운 대안이 필요하다. 재정 분권과 관련된 재정 개혁은 두 가지 범주로 구분할 수 있다. 우선 재정과 관련된 행정 체계의 개편이 필요해 보인다. 즉, 243개 자치단체를 유지하는 것이 무슨 의미가 있는지 체계적 고민이 필요한 시점이다. 50여 개 광역형 거점도시로 통합 개

그림 4-1 그림으로 분권 톺아보기-1

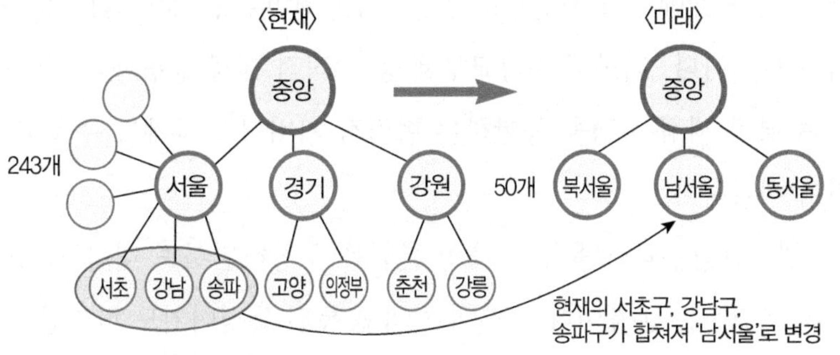

• 243개 지방정부를 50개 광역형 거점도시로 개편해야…

편하고, 교육자치도 이와 연계할 필요가 있다.[1] 현재의 구조인 243개 지방정부와 17개 교육청은 통합될래야 통합될 수 없다. 따라서 50여 개 광역형 거점도시로 개편(예, 서울의 경우 10개의 자치단체를 만든다고 가정하면, 1개 특별시(본청)와 25개 자치구를 10개 정도로 축소)하고, 광역형 거점도시와 동일하게 10개의 교육청 체계로 개편(예, 서울의 경우 1개 교육청에서 남서울 교육청 등 10개 교육청으로)하는 것이다.

재정 관련 체계 개편 – 기획재정부로 통합 일원화

재정 관련 체계 개편이 시급하다. 우선, 중앙정부 차원에서 국고

1 중앙정부의 계획대로 구현되는 통합이 아닌 자치단체가 주체가 된 통합을 의미한다.

보조금을 대폭 축소하고, 지출효율화[2]가 가능한 구조를 만들어야 한다. 자치단체에서도 지방보조금(민간 등 이전 비용)을 줄여 나가는 노력이 필요하다. 더불어 지방교부세 등 수직적 재정 형평과 자치단체 간 수평적 재정 형평을 통합하는 협력적 거버넌스 체계를 구축하는 것이 시급하다.

행정안전부와 교육부는 재정 분권을 주장하면서도 내심 자치단체에 군림하는 존재이다. 중앙부처의 공통된 특성이기도 하지만, 특히 돈(지방교부세, 지방교육재정교부금)을 갖고 있는 두 기관은 더욱 그러

그림 4-2 그림으로 분권 톺아보기-2

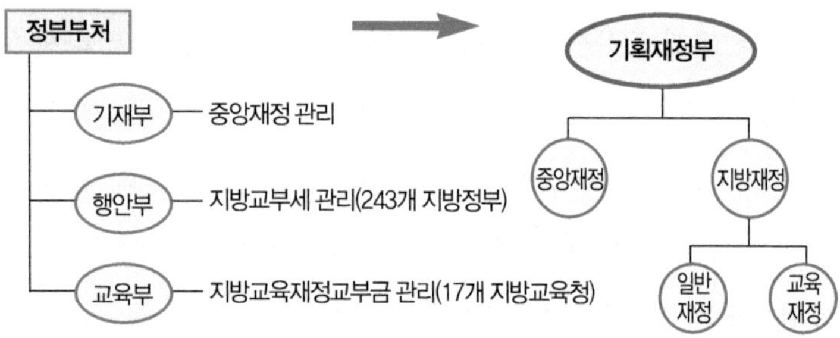

• **행정안전부와 교육부의 재정 기능 폐지 후, 기획재정부(청와대 산하 OMB 유사 조직으로 분리 개편 시)로 통합 일원화**

2 이제는 말로만 '지출구조조정'을 주장할 것이 아니라(아랫돌 빼서 윗돌 괴고, 윗돌 빼서 아랫돌 괴기식), 기획재정부는 '지출효율화' 규모에 관해 정확한 논거를 들어 국민에게 상세하게 공개해야 한다.

하다. 따라서 재정에 관한 한 (현)기획재정부가 컨트롤타워 기능을 해야 한다. 재정 기능을 기획재정부(분리 개편 시 재무부)로 통합 일원화하되, 중앙재정·지방재정(교육재정)으로 구분하여 운용하면 지금보다는 재정 분권이 더 진척될 것이다.

인구소멸 대비 재정 분권

인구소멸에 대비한 지방재정·지방교육재정 통합을 추진해 나가야 한다. 출산율이 급격히 떨어지고 인구가 감소하는 것은 전국적 현상이다. 2021년에 데이비드 콜먼 옥스퍼드대학 교수는 "저출산으로 인한 인구소멸 국가 1호가 대한민국이 될 것"이라는 충격적인 발표를 하였고, 736년 뒤 대한민국 인구가 멸종위기에 처할 것이라는 충격적인 전망을 내놓았다(양승조 의원). 중앙일보(2017. 9. 4)에서는 「30년 이내 85개 지방자치단체가 소멸될 것」이라는 분석기사도 실었다. 2018년 기준 인구소멸 예상 1위 지역은 마늘로 유명한 의성군이다. 감사원(2021. 8) 보고서에 따르면, 한국은 2017년 기준 5,136만 명, 2067년 3,689만 명, 2117년(앞으로 100년 뒤) 1,510만 명(-70.6%)으로, 현재 인구 규모의 1/3로 쪼그라들 전망이다. 기초 지방정부의 경우, 100년 뒤 229개 지방정부 중 221개(96.5%)가 인구소멸 지역이 될 것이란 것이다. 인구가 집중되었던 서울마저도 2017년 기준, 977만 명에서 73.2% 줄어든 262만 명이 될 것으로 전망하였다. 100년 뒤 한국은 고령화 인구가 절반 이상인데다가 저출산이 심화되어 한마디로 '인구지진'이 된다는 암울한 전망이다.

그래서 중앙정부는 물론 지방정부들이 인구를 늘리기 위한 다양한 정책을 추진하기에 급급하다. 지금은 '인구소멸'이라는 이슈가 대세가 되어 이러저러한 뉴스에서 자주 등장한다. 그런데 인구소멸을 대비한다는 요란을 떨면서 결국에는 '지방소멸대응기금'을 대안으로 제시하였다. 그러나 지방소멸대응기금은 임기응변적이고 실효성 없는 정책 대안에 불과하다. 구조적 문제를 해결해야지, 그렇지 않고서는 백약이 무효이다.

인구 관련 정책들을 보면 내용은 없고 홍보만 요란한 경우가 많다. 인구소멸에 대한 둔감도 한몫을 한다. 20대 대선에서조차 인구소멸을 주요한 이슈로 다루지 않았다. 기껏해야 인구 관련 정책이 등장할 때는 선거철로, 자치단체장 선거에서 대책 아닌 대책이 난무한다. 대부분 구호 수준에 머물 뿐 체계적인 준비를 하는 곳은 찾아보기 힘들다.

인구소멸은 이제 피할 수 없는 숙명적인 과제임에 틀림없다. 2023년 한국의 합계출산율은 0.72이다. 2024년 0.75로 조금 증가하였지만 다시 떨어질 게 자명하다. 그런데도 '인구소멸' 이슈를 만들어 가는 것에서 한 발짝도 벗어나지 못하고 있다. 이런 상황에서 지방재정을 늘려 가는 방향으로 재정 분권을 논하는 것은 아무런 의미가 없다. 기껏 내놓은 정책이 '지방소멸대응기금'이라니 기가 찰 노릇이다.

인구소멸과 학령인구는 직접적 관련이 있다. 인구가 감소하면 학령인구도 당연히 감소할 수밖에 없다. 그런데 학령인구 감소에도 불구하고, 최근까지 내국세가 꾸준히 상승하여 2025년 기준 지방교육재정교부금 규모는 전년 대비 3.4조 원 증가된 72.3조 원이다. 그럼에도 불구하고 교육 당국은 여전히 재정이 부족하다고 아우성이다. 교육부를 비롯한 이해관계자들은 근본적인 문제가 무엇인지조차 정확히 모르고 있는 것이다. 교육재정이 부족하다는데 과연 현실이 그러한가? 지방교육청과 일선 학교를 방문해 보면 사실이 아니라는 것을 금방 알 수 있다. 저속하게 표현하면 '쓸 데가 없어 고민'인 곳이 더 많다. 지방교육재정의 대국민 게시판인 '지방교육재정알리미' 자료에 따르면, 2015년부터 2019년까지 이월 및 불용액 규모는 30조 원에 달한다. 한편, KDI(2021) 연구 결과에 따르면, 학령인구 감소 등을 반영해 지방교육재정교부금을 개편한다면 매년 적어도 25조 원의 재정을 절감할 수 있다는 전망을 내놓았다. 2020년 교육재정교부금의 규모가 54.4조 원에서 2060년에는 164.5조 원으로 늘어나는 반면, 학령인구는 2020년 546만 명에서 2060년 320만 명으로 44.7%가 감소한다는 것이다. 이 추정대로라면 6~17세 학령인구 1인당 교육재정교부금 규모가 1,000만 원에서 5,440만 원으로 치솟는다. 얼핏 보면 규모면에서 5.5배 증가해 전체 학생을 대상으로 영재교육을 하고도 남을 예산이다. 기이하고 웃픈 현실이 되고 말았다. 지방교육재정교부금 체계의 조속한 개편이 필요하다는 방증이다.

지방재정과 교육재정은 통합되어야

한국은 OECD 어느 국가와 비교해도 교육비 지출이 적지 않다. 핵심은 '재원을 제대로 쓸 방안'을 찾는 것이다. 학령인구 감소에 따른 교육재원도 조정이 우선되어야 한다. 교육재정은 재정 운영에 책임성은 없고 자율성만 늘어난 상황이 되었다. 구조적 문제가 잘못된 교육자치를 주장하게 된 근본적 원인인 셈이다. '교육자치'라는 논거로 교육청(교육자치단체)의 자율성만 주장하는 것은 적절치 않다. 교육을 지방사무로 하고 재정책임성을 어떻게 담보할 것인지에 대해 논의해 나가야 한다. 진정한 의미의 교육자치는 개별 자치단체와 연계해 운영되는 것이다. IMF 등 국제 기준에 의하면 지방재정에 지방교육재정을 포괄하도록 규정하고 있다. 교육자치라는 명분하에 지방정부의 일반재정에서 분리하여 운영되는 지방교육재정은 효율성은 물론 책임성 측면에서 타당하지 않다.

지방재정과 교육재정을 자치단체에 통합하는 것은 장기적 관점에서 재정 분권과 궤를 같이해야 한다. 이런 맥락에서 교육감 선출 방식도 개편되어야 한다. 현행 「교육자치법」상 교육감은 광역거점형 직선 방식으로 선출된다. 참여정부 출범 이후 지방분권특별법(2003)

이 통과되고 지방교육자치법(2006)이 개정되면서 교육위원회를 시·도의회 내 상임위원회로 전환하고 교육감을 직선으로 선출하도록 하였다. 그러나 이런 구조에서는 교육 주체에게 실질적 책임을 묻기에 한계가 있다. 교육자치의 재정이전 등 수입과 지출의 주체가 다르기 때문이다. 따라서 교육감을 광역자치단체의 장이 임명하는(러닝메이트 방식) 방안을 고려해야 한다. 일본의 경우, 교육위원회 위원장과 교육장(한국의 '교육감')은 의회의 동의를 얻어 자치단체의 장이 임명하고, 예산 권한은 광역시·도지사에게 있다. 또한 지방교부세에 교육재정교부금이 통합되어 있다. 영국을 비롯한 대부분의 유럽 국가들은 광역지방정부가 재정 지원을 하고 있다(정성호, 2018).

아쉽게도 개헌을 할 것 같았던 문재인 정부는 집권 후 개헌에 관한 심도 있는 논의조차 하지 않았고(국회에 제출하였음에도 국회에서 검토하지 않았음), 분권도 용두사미로 끝나고 말았다. 2025년 6월 이재명 정부가 출범하였다. 그리 멀지 않은 날에 개헌이 논의되기를 바라며, 개헌 내용에 재정 분권 차원에서 '일반지방재정과 교육지방재정은 통합한다'라고 규정해 지방재정의 자율성과 책임성을 강화해야 한다. 그래야 재정 분권과 궤를 같이하는 것이 아닐까 싶다.

지방교육재정 책임성을 강화해야

우리는 언론의 보도를 그대로 믿는 편이다. 언론을 통해 "교육재

그림 4-3 지방교육재정 배분 구조

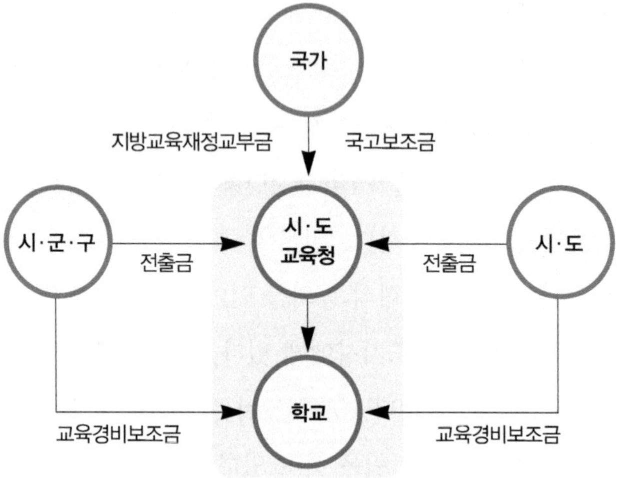

자료: 정성호(2018).

정이 부족하다"는 말을 수도 없이 들어 왔다. 그런데 교육재정 부족에 대한 한탄은 과연 사실일까? 자세히 들여다보면 이내 사실이 아님을 알 수 있다. 한편에서는 "교육재정교부금 사용은 땅 짚고 헤엄치기"라는 우스갯소리가 돌기도 한다. 게다가 지방정부 스스로가 학교 교육 과정 운영을 지원하고 있다. 이 같은 상황은 헌법은 물론「지방교육자치에 관한 법률」에서 명백히 규정하고 있는 입법 취지(별도의 거버넌스 체계)에도 위배된다. 광역시·도와 시·군·자치구는 교육비특별회계로의 전출금 이외에도「지방교육재정교부금법」제11조 제6항에 근거하여 각급 학교에 교육경비(교육경비보조에 관한 규정 제2조, 시·도는 2007년부터, 시·군·구는 1996년부터)를 보조하고 있다. 한편, 교육부가 일선 학교 등에 특별교부금을 지원할 경우, 자치단체에도 지방비 부담(교육부 지침, 특별교부금운용 기준)을 강제해 자치단체의 재정을 압박하는 수단이 된다. 자치단체의 입장에서는 비용 부담만 강요될 뿐 이에 관한 권한은 전무한 실정이다. 그러므로 교육재정이 부족하다는 진단은 사실이 아니다(정성호, 2018).

내친 김에 한 가지 사안을 더 짚어 보면, 자치단체의 고유 사무인 장학재단 운영은 통상 공무원 1명이 업무를 수행한다. 그런데 자치단체가 장학재단(출연기관에 해당)에 재정만 투입할 뿐 그 권한은 고스란히 지방교육청이 갖게 된다. 자치단체장은 장학금 재원에 쓸 돈을 주는 것뿐 그 권한은 없다는 것이다.

현행 법률에 따라 내국세의 20.79%가 지방교육청에 이전된다. 교육재정의 책임성을 강화하기 위해 항구 법률인 「지방교육재정교부금법」을 한시 법률로 개정해야 한다. 교육 분야의 특성을 감안하더라도 학령인구 감소 등을 반영할 수 있도록 재정 규모를 조정해야 한다. 대안으로 「지방교육재정교부금법」에서 규정된 법정 이전 규모(내국세의 20.79%) 조항을 삭제하고 매 5년마다(한시 법률로) 교육예산의 법정 이전 규모를 국회 의결로 결정할 필요가 있겠다(제7장에서 세부 내용 설명).

5

1단계, 2단계 재정 분권

1. 1단계, 2단계 재정 분권 주장은 꼼수?
2. 재정 분권, 적어도 이렇게 논의되었어야…

1. 1단계, 2단계 재정 분권 주장은 꼼수?

문재인 정부는 '연방에 버금가는 재정 분권'을 주장하였다. 다소 엉뚱하다. 어쨌거나 기획재정부 등 재정 당국은 대통령의 국정과제를 추진해야만 한다. 그런데 중앙재정을 총괄하는 기획재정부와 지방재정(교육재정)을 총괄하는 행정안전부(교육부)의 분권 인식은 과연 어떨까? 기획재정부는 곳간을 지켜야 한다는 의식(의무감)이 아주 강하다. 응당 그래야만 하였을 것이다. 원조(ODA)자금 없이 예산조차 편성할 수 없었던 시기를 경험하였던 재정 관료들의 인식 속에 자리한 것이다. 최빈국에서 선진국으로 거듭나는 동안 기획재정부(재정 당국)의 역할은 높이 평가할 만하다. 정반대로 외환위기의 주범이기도 하다.

이제 재정 당국은 재정 분권을 찬성하고는 있을지 이야기해 보자. 단순하게 생각해 보면, 기획재정부가 재정 분권을 찬성할 유인은 크지 않다. 아울러 행정안전부도 외형적으로는 재정 분권을 외치고 있지만 반길 리 없다. 왜냐하면 기획재정부와 마찬가지로 행정안전부도 지방재정을 총괄하고 있다고 인식하기 때문이다. 즉, 중앙부처 내에서 기획재정부가 예산이라는 막강한 권력을 가지고 있듯, 자치단체 간 관계(IGR)에서는 행정안전부도 지방교부세라는 수단을 가지고 있기 때문이다. 때문에 국정과제인 분권을 따라 외치고는 있지만 기존의 중앙집권적 재정 패러다임에서 벗어나지 못하고 있다. 결국은 정치인(대통령 및 자치단체장과 국회의원 및 의회 의원 등)과 관료들의 절묘한 합작품이 바로 수사적인 재정 분권인 것이다. 이러한 행태를 수년간 보고 있자니 정말 한심스럽다.

왜 문재인 정부는 재정 분권을 1단계와 2단계로 구분하였을까? 행정안전부의 주장대로라면, 2019년 지방소비세 15%로(이전 대비 4%p 증가), 2020년 21%로(이전 대비 6%p 증가) 증액한 것을 두고 '1단계 재정 분권의 완성'이라 하였다. 초기의 분권 주장과 수치마저 변하였다. 1, 2단계에 관한 정의마저 오락가락한다. 즉, 초기에는 1단계 재정 분권은 지방소비세를 15%로 증액하는 것이며, 2단계 재정 분권은 21%까지 증액하는 것이었다. 그런데 나중의 발표 자료에 의하면, 지방소비세를 4.3%p 더 증액해 25.3%까지 증액시킬 계획을 '2단계 재정 분권'이라 명명하였다. 계속되는 이야기이지만 결국 재정 확충을 재정 분권이라 명명하고 있다. 그런데 뒤에 붙은 수식어구(완성)가 좀 맘에 들지 않는다. 왜 '1단계 또는 2단계 재정 분권의 완성'이라 하였을까? 지방소비세를 약속한 수치적 한도만큼 올리겠다는 의미인가? 하여간 이해가 잘 되지 않는 구석이 많다. 아마도 분권의 의미를 정확하게 정의하지 않은 탓일 게다. 이제 궁극적인 질문을 하나 해본다. 약속한 수치적 한도 25.3%까지 증액하면 2단계 재정 분권이 완성될까? 완성된다면, 과연 뭐가 좋아질까? 또 다른 궁금증을 자아낸다. 별반 달라지는 게 없는데도 말이다. 꼼수였을까, 의지가 없었을까. 둘 중 하나다.

또 한 가지 언급할 것이 있는데, 2단계 재정 분권 추진 과정에서 응당 반겨야 할 자치단체가 왜 저지하고 나선 걸까? 모양만 재정 분권이지 실제는 오히려 집권에 가깝다는 이유인가? 아니다. 실질적인 이유는 해당 자치단체로 이전되는 수입을 총액으로 환산해 보니 전보다 줄어들었다는 것이다. 왜 그런 현상이 발생하였을까? 분권이란 수사를 활용하였을 뿐 치밀하지 못한 계획에 머물렀기 때문이다. 한마디로 관료(기획재정부와 행정안전부)와 관료들에게 포획된 어용학자들의 합작품이다. 이미 큰 틀에서 행정안전부가 주축이 되어(기획재정부의 수동적 대응), 수치적 한도 등 방향성을 설정한 뒤에 숫자놀음을 한 결과이다.

분권은 중요 국정과제 중 하나였다. 그러니 부처에서는 외적 정당성을 추구해야만 한다. 그래서 '1, 2단계 재정 분권의 완성'이란 수사적 용어가 아마도 필요하였을 것이다. 연방에 버금가는 재정 분권을 주장하였던 문재인 정부마저 재정 확충에 치중하였을 뿐 실질적 분권에는 큰 관심을 두지 않은 듯하다. 결국 관료와 어용학자가 만들어 낸 어줍잖은 분권일 뿐 그 어디에도 실질적 재정 분권은 없었다. '지방소비세를 활용해 지방재정을 확충해 주겠노라'라 해야 옳았을 표현이다.

관료들은 문제가 발생하면 현안 대응을 구실로 ○○○위원회부터 만들고 본다. 그런데 문제는 이렇듯 조직된 위원회가 대체로 옳은 정책 결정에 기여해 왔나 물어보지 않을 수 없다. 지금까지 우리는 적잖은 경험을 통해 위원회의 활동 결과에는 긍정적 답을 내놓을 수 없다. 정부 부처가 새로운 위원회를 신설하면 거기에는 응당 사무국(관료로만 구성)이 편제된다. 적어도 1개 또는 2개 국 단위 이상으로 편제된다. 위원회를 대표할 위원장은 정치권과 연이 닿는 사람으로 추대된다. 문제는 적어도 위원장은 전문성을 근간으로 해야 하지만 아쉽게도 전문성과 거리가 있다. 그렇다면 정치권과 정치적 맥을 같이하는 학자인 탓일까? 내막을 잘은 모르겠으나, 아무튼 그렇다.

또 다른 사례로 저자가 과거 5년간 참여하였던 지방자치발전위원회에 관해 이야기해 보자. 과연 이 위원회가 실질 재정 분권의 방향에 관해 고민은 하였을까? 또한 당연직 위원이야 그렇다 치고 민간 위원은 어떠한 고민을 하였을까? 지방자치와 재정 분권은 동일한 맥락인 듯하지만 엄밀히 말하면 다른 맥락이다. 저자의 과거 위원회 활동은 자치단체로 권한 위임 또는 이양 사무 선별에만 치중하고 있음을 느꼈다. 위원 대부분은 자치학자이고 재정 관련 학자는 저자뿐이었다. 결국 '재정 지원 없는 권한 위임'(unfunded mandate)만 이야기하고 있었다.

재정 분권에 관해 최소한의 고민만이라도 해보았더라면 '1단계 또는 2단계 재정 분권의 완성'이라는 허무맹랑한 소리는 안하였을 것 같다. 그렇다면 유추 판단이 가능한 영역은 그저 위원회가 거수기 역할에 그쳤을 승산이 크다. 관료들은 위원회에서 소위 바른 소리(쓴소리)를 하는 위원은 아주 싫어한다. 결국 관료들이 설정해 놓은 방향에 동조를 하고 만다. 만약 위원회에 동조하지 않는 위원이 있다면 다음번에는 절대로 불러 주지 않는다. 그래서 쓴소리를 못하는 것이다. 학자가 영혼을 팔아서야 되겠는가? 아예 영혼이 없다면 모를 일이지만 말이다.

거수기 역할에 그치는(정부의 입장을 대변해 주는) 정부위원회 위원은 해당 부처에서는 아주 좋은 수단이자 방패막이가 된다. 제발 지금이라도 정부위원회의 사무(본질)를 정확히 파악한 뒤 대폭 손질해야 한다. 국정과제 추진을 위해서라도 위원회가 꼭 필요하기도 하다. 그러나 거수기 역할과 인사 적체 해결을 위한 위원회도 적지 않다. 일 년 동안 정례 회의를 한 번도 진행하지 않은 위원회부터 손질(폐지)해 나가야 한다. 위원회 공화국에서 탈피해야 한다.

2. 재정 분권, 적어도 이렇게 논의되었어야…

재정 분권은 지난한 과정을 거쳐야 한다. 우리나라는 분권을 추진하였던가? 말로만 분권을 외쳤을 뿐 실상은 집권 체계를 고수해 왔다. 이제 근본적인 질문을 해본다. 매번 정부가 바뀔 때마다 분권을 주장하는데, 과연 재정 분권을 추진할 의지는 있긴 한 것일까? 최소한의 고민은 하였을까? 글쎄다. '연방에 버금가는 재정 분권'이란 슬로건을 내세웠던 문재인 정부는 결국 총지방세 1.4%p를 증액해 주는 것으로 끝나고 말았다. 지방소비세를 활용해 지방으로 재정을 조금 더 내려준 것에 불과하다. 2할 자치에서 3할 자치, 장기적으로 4할 자치를 추진한다더니 2.5할 자치에 머물렀다. 정책 목표가 분명하지 않으니 수단 또한 분명하지 않은 것이다. 고장난 나침판을 지도 위에 대고 목적지를 찾아가 본들 다른 길을 찾아갈 수밖에 없지 않은가? 그러니 결국 수치적 한도를 부여해 "1단계 또는 2단계 재정 분권의 완성"이란 일종의 수사만 남게 되었다.

적어도 이랬어야 옳았다. 재정 분권은 재정의 문제만이 아니다. 즉, 행정·정치 분권과 연계 조정을 해야 문제 해결의 실마리를 찾을 수 있다. 얽힌 실타래를 하나씩 풀어 나가야 한다. 현행 행정 및 정치 체계를 그대로 유지한 채 재정 분권 추진은 불가능에 가깝다. 설령 분권을 추진해 본들 무슨 의미가 있겠냐는 이야기이다. 적어도 장기적 관점에서 현행 집권적 행정 체계(중앙-광역-기초) 개편에 관한 논의를 시작하였어야 옳았다. 아울러 지방재정과 지방교육재정의 연계 통합도 논의했어야 하였다. 더욱이 정치 체계(중앙당-시도당

등) 개편과 더불어 기초지방의회 폐지도 논의했어야 하였다. 이러한 논의조차 없이 재정 분권을 추진하였으니, 결국에는 분권은 없고 재정 확충으로 끝나고 마는 것이다. 분권은 자치단체 스스로가 책임성과 자율성을 가지고 운영하는 것이다. 매번 정부가 바뀔 때마다 추진한 재정 분권이 과연 그러한가? 시쳇말로 재정 분권 주장이 꼼수는 아니였기를….

한 가지 더 짚고 넘어가자면 윤석열 정부는 지방시대 종합계획에 장미빛 청사진을 잔뜩 나열하였지만 그 어디에도 분권다운 분권 전략은 없었다. 오히려 행정안전부에 경찰국을 신설해 과거 권위주의 경찰 체제로 회귀하고 말았다.

6

행정·정치·재정 분권은 구분해 논의하였어야

1. 자치 분권 1.0 vs. 자치 분권 2.0
2. 행정·정치·재정 분권?

1. 자치 분권 1.0 vs. 자치 분권 2.0

지금껏 정부는 줄곧 분권을 국정과제로 추진하였다. 그런데 정녕 행정, 정치, 재정 중 어느 한 영역이라도 분권을 추진한 적이 있나? 저자에게 묻는다면 간명하게 '아니오'라 대답할 것 같다. 언제까지 천연덕스럽게, 분권을 외치면서 혹세무민할 것인가? 문재인 정부 임기 말인 2022년 초에 별안간 자치 분권 2.0이란 개념이 등장하였다. 그렇다면 1.0 버전도 있다는 것이 아닌가? 1.0은 무엇을 의미할까? 요약하면 자치단체는 중앙정부의 하부 기관에 불과하였고, 의회 기능도 제한적이라는 정도로 이해하면 될 듯하다. 그렇다면 자치 분권 2.0은 무엇인가 많이 다를 것 같다.

이제 자치 분권 2.0에 대해 알아보자. 이는 분권의 실질화, 고도화를 의미한다고 보면 될 것 같다. 1991년 부활된 지방자치(즉, 자치 분권 1.0시대)는 시간이 경과함에 따라 이전과는 다른 새로운 자치 분권이 필요하게 된 것이다. 이에 부응하기 위해 자치 분권 6법[1]과 분권 사전협의체, 재정 분권을 통한 실질적 분권 등을 추진하겠다는 것이다. 그 배경은 중앙집권적 체제인 "모든 권력은 국민으로부터 나온다"(즉, 국민 주권)에서 이제는 지방 분권적 체제를 반영해 주민 주권

1 「지방자치법」 전부개정, 「자치경찰을 위한 경찰법」 전부개정, 「지방일괄이양법」 제정, 「중앙-지방협력회의법」 제정, 「고향사랑기부금법」 제정, 「주민조례발안법」 제정.

자치 분권 1.0과 2.0의 주요 내용과 특징

첫째, 자치 분권 1.0시대의 지방자치 주체가 '지방자치단체'였다면 「지방자치법」 전부개정 등으로 개막되는 자치 분권 2.0시대의 지방자치 주체는 명실공히 '주민'이다. 자치단체 중심의 단체자치가 자치 분권 1.0시대의 특징이라면 자치 분권 2.0시대에는 주민 중심의 주민자치가 주요한 특색이다. 주민들이 직접 조례안을 발의하는 등 주민의 직접 참정이 크게 증가할 것이다. 주민감사청구 등 주민 직접 참정 요건도 대폭 완화되었을 뿐만 아니라 참여 연령 역시 기존 19세 이상에서 18세 이상으로 하향되기 때문이다.

둘째, 자치권의 관점에서 비교해 보면 자치 분권 1.0시대는 국민 주권의 위임에 자치권의 근거를 둔다. 자치 분권 1.0의 주권적 기초는 국민 주권이었다. 중앙집권 체제와 국민–국가의 토대였던 국민 주권하에서 지방자치권은 중앙정부의 권한을 뒷받침하는 국민 주권의 부분적 지방 위임을 의미하였다. 자치권은 위임된 "법령의 범위 안"에서만 허용되었다. 하지만 자치 분권 2.0 시대에는 자치권은 주민 주권에 기인한다. 구체적으로 금지하고 있지 않는 한 "법령의 범위에서" 자치권을 행사할 수 있다. 또한 기존의 중앙행정 권한의 지방 이양에서 더 나아가 자치 분권 사전협의제의 실행을 통하여 사전적으로 자치권을 보호할 수 있는 제도적 장치도 마련하였으며, 자치 사무는 보충성의 원칙하에 사무 범위가 확대되었다. 실질적으로 2020년 12월 9일 국회에서 의결된 「지방자치법」에서는 자치 사무의 범위가 경찰과 국제교류 사무로 확대되었다.

셋째, 재정 분야에서도 커다란 차이가 발생한다. 자치 분권 1.0시대에는 국세와 지방세의 비율이 8 : 2로 지방재정이 주로 국세에 의존하여 지방정부가 사무를 수행하는 데 있어 소극적이고 의존적인 행태를 보였다. 자치 분권 2.0시대에는 2차례의 재정 분권을 통하여 지방정부가 주체적이고 능동적으로 사무를 수행할 수 있는 토대가 마련되었다. 지역 간의 불균형을 해소하기 위하여 국가와 지방 간 수직적 재정조정제도 외에 지방자치단체 간 수평적 재정조정도 도입되어 재정 분권을 통한 정부 상호간 협력을 촉진할 수 있게 되었다.

넷째, 지방정치 주체의 지위도 크게 개선된다. 자치 분권 1.0시대에는 지방의 정치 주체는 '자치단체'에 지나지 않아 정책의 형성권이 인정되지 않았다. 자치 분권 2.0시대에는 명실공히 지방정부로 인정되어 자율적인 형성권이 인정된다. 중앙–지방협력회의도 간접적으로 지방의 정치 주체를 국정의 동반자로 인정한 결과이다. 결론적으로 자치단체가 지방정부로 발전된 것으로 해석되어야 한다. 지난 30년간 지방의회의 지위도 매우 불완전하였다. 지방의회 사무기구의 인사권을 단체장이 행사한 것이 대표적인 예이다. 지방의회 사무기구의 인사권 독립과 정책 지원 전문인력의 도입으로 지방의회의 지위도 공고해졌다. 더불어 지방의회의 윤리성과 주민에 대한 책무성도 강화되었다.

다섯째, 자치 분권 2.0시대의 변화는 다양한 기관 구성이 가능하게 되었다는 점이다. 자치 분권 1.0시대에는 강시장-약의회라는 획일적 형태로 제왕적 단체장하에서의 지방자치였으나, 자치 분권 2.0시대는 지방의회의 위상 강화와 함께 기관 구성의 다양화 제도가 도입되면서 기관통합형이나 권한분산형 등의 다양한 기관 구성이 가능해졌다. 기관 구성의 형태를 주민투표를 거쳐 결정함으로써 주민 주권을 제도적으로 뒷받침하였다.

마지막으로 정부 간 관계의 관점에서 기존의 중앙과 지방의 관계는 상하·복종의 관계였다. 지방자치단체는 국가의 지도·감독의 대상이었다. 구 「지방자치법」 제9장의 명칭도 '국가의 지도와 감독'이었다. 개정된 「지방자치법」 제9장의 명칭이 '국가와 지방자치단체의 관계'로 수정되었다. 이러한 개정은 자치 분권 2.0시대의 중앙-지방은 수평·대등을 전제로 상호 협력의 관계로 발전하였다는 것을 단적으로 보여 주고 있다. 또한 별도 법률인 「중앙-지방협력회의법」의 제정으로 대통령과 시·도지사 및 지방 4단체 대표들이 정기적인 모임을 통해 사치 분권 및 지역균형발전에 관한 정책을 논의하는 등 중앙-지방의 협력적 동반자 관계가 강화되었다. 자치 분권 1.0시대의 지방-지방 관계는 상호 배타적인 경쟁 관계에 비중이 치우쳤다면, 자치 분권 2.0시대의 지방-지방 관계는 수평적 재정조정제도나 특별자치단체 등의 제도를 통하여 상호 합력 관계가 더욱 공고해질 것이다. 1988년 「지방자치법」을 전부 개정한 지 만 32년, 1991년 지방자치를 부활한 지 만 30년을 앞두고 「지방자치법」의 전부개정을 포함하여 자치 분권 6법과 자치 분권 사전협의제 및 2단계에 걸친 재정 분권이 이루어졌다. 이를 통하여 자치 분권 실질화를 위한 다양한 입법적·재정적·정책적 성과가 이루어져 명실공히 자치 분권 2.0시대가 개막되었다고 할 수 있다. 그럼에도 불구하고 자치 분권 2.0시대의 가속화를 위해서는 여전히 남은 미완의 과제에 관심을 가져야 한다.

먼저 「지방자치법」의 부수법안이었던 「주민소환법」안과 「주민투표법」안 등이 조속하게 마무리되어야 할 것이다. 또한 「지방자치법」 논의 과정에서 삭제된 주민자치회에 관한 규정도 조속히 재추진되어야 할 것이다. 또한 새로운 법령하에 "지방자치의 주인은 주민이다"라는 명제가 실체화되도록 새로운 관행과 해석을 축적해 나가야 한다. 법령 및 조례 등이 규정하지 않은 부분은 관행 및 해석을 통하여 해결되기 때문에, '시대의 사회적 가치'에 부합된 해석과 관행의 적립은 우리에게 남겨진 과제이다.

요약하면 자치 분권 2.0의 주요 특징은 주민 주권과 상호 협력이다. 우리는 주민주권론을 토대로 강화된 자치권과 중앙-지방 협력적 거버넌스의 구축을 통한 자치 분권 2.0시대를 맞이하고 있다. 자치 분권 2.0의 성공적 성과를 위해서 제도적 장치뿐만 아니라 시대적 사회적 가치에 부합하는 관행과 해석에도 관심을 가져야 한다. 자치 분권 2.0시대의 목표는 주민이 주인이 되는 주민 주권과 국가와 지방 간, 지방자치단체 간에 협력을 토대로 상생의 균형발전을 달성하는 것이다.

자료: 자치 분권위원회(2021), 자치 분권 2.0의 내용과 특징.

을 뒷받침해야 한다는 것이다. 한마디로 국가와 지방 간 새로운 협력 관계를 구축해 지방자치단체가 더 이상 국가의 지도·감독의 대상이 아니고 국정의 동반자가 되는 것이다. 그런데 자치 분권 2.0도 미심쩍은 구석이 적지 않다.

2020년 전부개정된 「지방자치법」은 주민의 참정 범위 확대와 지방의회 위상과 지위의 정상화, 지방의회 의원 겸직 금지 대상 구체화, 기관 구성의 다양화, 특례시제도, 특별지방자치단체제도, 중앙-지방협력회의 설치, 자치경찰제 도입 등이다.

32년 만에 대폭 개정된 「지방자치법」이 마침내 전면 시행되었다. 2020년 국회 본회의를 통과한 지방자치법 전부개정 법률안이 공포(2021년 1월 12일) 후 1년이 지난 날부터 시행한다는 부칙에 따라 2022년 1월 13일부터 효력이 발생하였다. 특히, 주민조례발안제는 「지방자치법」에 별도 법(주민조례발안에 관한 법률) 제정에 근거를 두고 「주민조례발안법」을 통해 관련 절차를 규율하게 하였다. 주민조례 발안·주민감사 청구권자 기준 연령도 만 18세로 낮추었다. 주민감사 진행에 필요한 청구인 수 규모도 '시·도 300명(←기존 500명), 인구 50만 이상 대도시 200명(←기존 300명), 시·군·구 150명(←기존 200명) 이내에서 지자체 조례로 정하는 수 이상'으로 완화하였다. 자치단체장이 제정할 수 있는 규칙에 대해 제·개정, 폐지에 관한 의견을 제출할 수 있게 되었다. 법령에서 조례로 정하도록 위임한 사항은 그 법령의 하위 법령(대통령령, 총리령, 부령 등 포함)에서 위임의 내용과 범위를 제한하거나 직접 규정할 수 없도록 해 자치입법권을 강화하였다. 의회 인사권 독립과 정책 지원 전문인력 도입 등 지방의회 숙원도 실현되었다. 그런데 한 가지 짚고 넘어가야 할 사안이 있다. 국회의원과 같이 개별 의원의 보좌관을 허용한 것은 아니다.

동남권 메가시티 출범의 발판이 될 특별지방자치단체 설치·운영에 관한 근거도 구체화되었다. 100만 이상 대도시인 경기 수원·고양·용인시와 경남 창원시에는 특례시라는 별도의 행정적 명칭을 부여하였다. 이제 이들 특례시에는 예외적 사무 처리 권한인 특례도 둘 수 있다. 눈에 띄는 대목이 하나 더 있는데, 제2의 국무회의 격인 '중앙지방협력회의'를 설치해 자치단체가 국정에 참여할 수 있는 기구를 제도화하였다. 중앙-지방협력회의는 자치발전 및 균형발전에 관련된 중요 정책을 심의한다.

개정법 시행으로 자치 분권을 한 단계 도약시킬 계기를 마련하였다고 볼 수는 있다. 그러나 실효성을 거둘지는 여전히 의문이다. 일례로 중앙-지방협력회의가 심사 기능만 있는데, 구속력을 담보할 수 있을지 의문이다. 결국에는 말잔치로 끝날 우려가 있다. 실질적 자치가 되려면 주민의 직접 조례 청구 권한을 주어야 할 것이 아닌가? 그게 진정한 의미에서 주민에 의한 자치 분권 2.0일 것이다. 한 가지 질문을 던져 본다. 지금은 자치 분권 2.0의 연장선인가? 아니면 3.0인가? 그것도 아니면 그 용어조차 사라진 것일까?

아쉽게도 개정법 시행에도 정치 분권과 재정 분권은 핵심 사안조차 논의되지 않았다. 한마디로 행정(자치) 분권에 치중한 듯하다. 자치 분권은 행정 분권, 정치 분권, 재정 분권을 연계해 대안을 모색해야 함에도 불구하고 큰 진전은 없었다고 평가할 수 있다. 결국 중앙집권적 체계를 유지한 채 일정 부분 권한을 준 것에 불과하였다.

2. 행정·정치·재정 분권?

분권은 크게 행정, 정치, 재정으로 구분해 논의할 필요가 있다.

행정 관점

우선 행정 분권이 의미하는 바가 무엇인지 알아야 한다. 행정은 정부 조직에 근간을 둔 기능 및 사무를 의미한다. 기능은 중앙과 지방으로 구분되며, 사무는 중앙사무와 지방사무로 구분된다. 여기서 중앙은 개별 중앙부처를 의미하고, 지방은 광역 및 기초 지방정부를 의미한다. 문제는 중앙사무와 지방사무가 크게 다르지 않다는 것이다. 중앙사무를 지방정부가 위임받아 수행하는 정도라 할 수 있다. 우리나라 정부 조직은 중앙과 지방(광역-기초) 3층 구조이다(중앙-광역-기초). 2022년부터 시행중인 개정법에도 행정 조직 개편에 관한 대안은 논의되지 않아 아쉬움이 크다. 자치 분권 2.0을 슬로건으로 내세워 대안을 추진한다고는 하지만 목표가 분명하지 않다. 부·울·경 통합은 실패로 끝났고, 대구와 경북 통합은 추진하고 있으나 이 또한 목표가 분명하지 않다(일종의 정치쇼?). 궁극적으로는 2층 체계(중앙과 지방, 중앙과 50여 개 광역형 거점도시를 의미)로 개편해야 한다. 광역형 거점도시로의 개편은 지방소멸 대응 차원에서 의미가 있다.

행정 조직은 현행과 같이 그대로 유지한 상태에서, 몇 개 자치단체를 통합해 본들 무슨 의미가 있나? 가장 중요하게 다루어야 할 것은 현재의 중앙집권적 구조에서 탈피하는 것이다. 기존 구조에서 한 발짝도 벗어나지 못한 상황에서 대안을 추구해 본들 백약이 무효이다.

정치 관점

정치 분권은 행정 분권 못지 않게 중요한 요소이다. 행정이 중앙과 지방으로 구분되듯, 정치 구조 또한 중앙당과 시도당으로 구분된다. 그런데 문제는 시도당이 중앙당에 완전하게 예속되어 있다는 점이다. 그러니 자치 분권을 아무리 추진해 본들 바뀔 대상이 없다. 시쳇말로 그 어디에도 분권은 없다. 결국 말잔치에 불과할 뿐이다. 정치 분권을 빼곤 자치 분권을 논할 순 없다. 정치적으로 분권이 되어야 지방자치가 가능하다는 이야기이다. 30년 전 지방자치가 부활(자치 분권 1.0)된 이후 관권선거의 예방이 목표였다. 그래서 선출직 자치단체장과 지방의회를 구성한 것이다. 그런데 과거 중앙정부가 임명하였던 자치단체장 시절에 비해 무엇이 어떻게 바뀌었단 말인가? 말만 지방자치를 외쳤을 뿐 크게 바뀐 것은 없다. 오히려 나빠진 것은 아닌가?

적어도 새롭게 추진된 자치 분권 2.0에서는 정치 구도와 무관하게 중앙당과 시도당의 해체는 물론 기초지방의회의 폐지 등에 관해 논의를 했어야 하였다. 이미 인구소멸이 광범위하게 회자되고 있는 현실을 감안해야 한다. 인구소멸이 닥쳐 온다고 아우성을 치면서도 기초자치단체를 유지해야 하는가? 또한 기초의회를 계속해서 유지해야 할까? 이제 거대 담론 차원에서 대안을 논의할 시기가 되었다. 인구소멸에 대비해 기초자치단체를 단계적 통합·폐지해 나가되, 기초의회는 시급히 폐지해야 한다. 그러지 않아도 열악한 지방재정 현실을 더 어렵게 만들고 있는 기초 자치단체와 의회는 폐지가 답이다. 자치 분권 관점에서 부합한 정치가 바뀌어야 효율적 자치단체 운영이 가능하다. 자치가 부활되어 30년 의회 역사에도 불구하고, 광역 및 기초 자치단체는 관행적으로 풀예산(의원 요구사업)을 편성하고 있다.[2] 자치단체 예산 관료들이 의회 의원의 요구를 거부할 수 없기 때문이다.

또 지방의회 의원의 역량을 키워 나가야 한다. 그저 외유성 외국 방문을 연수라 포장하는 의회 의원을 유지해야 하나? 과감한 개편이 요구된다. 행정 분권과 연계해 지방의회도 중앙(국회의원)과 협업할 수 있는 구조로 개편해 나가야 하고, 중앙당에 예속된 시도당이 분권 관점에서 합리적인지 논의해 나가야 한다.

재정 관점

그 무엇 하나 중요하지 않은 것이 있겠는가? 그 가운데 가장 중요하게 다루어야 할 요소가 바로 재정 분권이다. 그런데 자치 분권 2.0에서는 재정 분권을 심도 있게 다루지 않고 있다. 큰 고민 없이 법만 개정하였다는 생각이 든다. 그도 그럴 것이 중앙집권적 재정 구조를 그대로 유지한 채 1단계, 2단계 재정 분권이라 구분해 재정만 확충하였으니 무엇인가 하였다고 판단한 듯하다. 그래 놓고는 '1단계, 2단

2 지금도 지방정부 예산 편성 시 광역 의원에게는 ㅇㅇ억 원, 기초의회 의원에게는 ㅇ억 원 정도의 풀예산이 편성되어 있는데, 세부 내용은 예산 담당자만 알고 있다. 이는 중앙정부의 경우 지역구 국회의원의 쪽지 예산이라 할 수 있다.

계 재정 분권의 완성'이라 한다. 재정 분권의 의미가 무엇인지 곱씹어 보아야 한다. 가만히 생각해 보면 분권이라 하기에는 장애물이 너무나 많다. 이제 정부가 바뀌었으니 새로운 분권 전략(실사구시 분권)이 발표되길 기대해 본다.

실질적인 분권은 중앙정부의 협조가 절실하다. 그런데 중앙정부 차원에서는 분권에 대한 큰 문제의식도 없는데, 선거철만 되면 정치인들이 분권을 외치니(국정과제) 이에 동조하는 정도이다. 자치단체는 어찌되었든 정부가 돈을(재정) 더 확충해 주면 분권이라 생각한다. 재정 분권의 근본 취지는 자치단체 스스로 세수를 걷어 그 재원으로 지출을 충당하는 것이다. 이렇게 하고 싶어도 지방교부세 불교부 단체(2022년 기준 7개)를 제외하곤 사실상 불가능하다. 다시 말해, 분권은 시장 메커니즘이 작동되어야 한다. 그런데 대부분의 자치단체는 70여 년간 중앙정부가 주는 돈으로 살다 보니 자구 노력할 필요가 없었다. 자치 분권 2.0이란 이름은 근사하다. 적어도 여기에 재정 분권의 큰 방향성은 제시했어야 하였다. 이를테면 국고보조금은 축소해 지방으로 이전, 지방교부세는 개별 자치단체에 현재 수준에서 자동배분(매년 행정안전부의 배분 작업을 거치지 않고), 지방교육재정교부금은 학령인구 감소에 대응해 재배분하는 것 등이다. 아울러 주민이 중심이라는 자치 분권 2.0을 대안으로 제시하였으니, 중앙집권적 재정 구조에서 완전히 탈피한 차등 분권을 제시했어야 하였다. 저자가 제시하고자 하는 차등 분권은 지방교부세 불교부 단체와 재정자립도가 80% 이상인 지방정부는 세입 및 세출 분권을 강화하고(온전한 재정 분권), 30% 이하 지방정부는 세출 분권(특히, 대규모 치적쌓기 사업)을 규제하자는 것이다.

7

교육사무는 오롯이 지방사무에 통합되어야

1. 교육사무 재정립해야…
2. 대학 서열 폐지, 수능 폐지 검토해야…
3. 국립대학 무상교육?
   사립대학 공영화?
4. 재정난 대학 지원을 왜 해야 하나?
5. 「지방교육재정교부금법」을 한시 법률
   (매 5년마다 국회 의결)로 바꿔야
6. 글로컬 대학 RISE 재검토해야…

1. 교육사무 재정립해야…

선진국에서는 교육사무는 오롯이 지방사무로 분류하고 있다. 정부 재정 통계를 규정하고 있는 국제 기준(GFS, PSDS)을 보아도 그러하다. 그런데 우리나라는 과거부터 지금까지 중앙사무로 인식하고 있다. 지방자치와 연계해 지방교육청에서 사무를 관장하고 있지만 여전히 교육부가 좌지우지한다. 이제 현행 교육 기능(사무)을 알아볼 필요가 있다. 교육부의 교육정책, 고등교육(대학교육)을 제외하고 대부분 지방교육청이 사무를 관장한다(즉, 초·중·고등학교 사무).

큰 틀에서 교육정책과 고등교육은 교육부가 관장하되, 실질적인 교육사무는 지방교육청 단위가 스스로 결정하고, 수행하는 것이 타당하다. 그렇다면 대학교육을 어떻게 할 것인지가 논의되어야 할 것 같다. 지금은 단순히 국립대학 재정 지원에 머물러 있다. 학령인구 감소에 따른 교육사무의 개편이 시급한 분야가 있다. 우선 거점 국립대학교 단위로 국립대학을 통합하고, 우선적으로 무상교육을 진행해야 한다. 벤치마킹 대상은 프랑스가 좋을 듯하다. 즉, 국립대학 네트워크를 체계화해, 예컨대 서울 1~10대학으로 개편하는 것이다(정성호, 2018). 아울러 사립대학교도 어떻게 운영할지에 관한 담론을 형성해 나가야 한다. 서울대 10개 만들기와 사립대학 운영은 심사숙고할 사안이다. 자칫 설익을 대안을 추구하다 보면 오히려 사회적 혼

란만 증폭시킬 수 있다.

2. 대학 서열 폐지, 수능 폐지 검토해야…

서울로 학생들이 모여드는 이유는 뭘까? 간단히 말해, 1960~1970년대 시골에서 도시로 노동자들이 이동한 것과 맥락이 같다. 학생들이 서울로 모여들지 않도록 대학 서열 폐지가 답이다. 다시 말해, 서울 1대학을 졸업하든, 10대학을 졸업하든 서울대학교(아니면 통칭 '국립대학교')를 졸업하면 된다. 다만, 서울대학교 폐지를 같이 논의해 나가야 할 것이다.

과거 박정희 정부 때 서울대를 분산시킬 목적으로 부산대 기계공학과, 경북대 전자공학과를 적극적으로 지원하였다. 실제 성공하지는 못하였지만 이를 추진할 유인이 크다. 프랑스처럼 이제 서울 1~10대학까지 학교명을 바꿔야 한다. 우리나라는 대학 서열화에 대해 전공 서열화(의대 등)라는 두 겹의 경쟁 체제이다. 프랑스를 위시한 유럽은 통합 대학에서 공부하고, 학점의 교차 인정도 가능하다. 2004년 3월 교육혁신위가 제안한 '국립대 공동 학위 수여제'(서울대 등 전국 26개 국립대 간 공동 학위제 도입)와 교수 공동 선발(3~5년 주기 순환근무)을 다시 추진해 보면 어떨까 싶다. 현재와 같이 거의 모든 대학에 설치된 비슷한 학과들이 아닌 1~10대학을 전문 분야 및 범주로 구분해 특성화 대학을 만들어 나가야 한다. 아울러 국립대는 지방거점 대학 단위로 일원화해야 할 필요가 있다. 예컨대, 전라남도의 경우 국립대는 전남대, 순천대가 있는데, 학령인구 감소 등 다양한 요인을 고려해 전남대에 통합해 나가야 한다. 국립대학인 교원대와 교육대학, 국립 및 사립대학의 사범대학 체계를 계속 유지할 유인이 있는지 등에 관한 체계적이고 포괄적인 논의를 통해 단계별로 개편이 필요하다(정성호, 2021). 교원대는 교원 직무교육 기능만 남기고(사실상 교원 양성 기능 폐지), 사범대학과 교육대학은 통합을 해야 한다. 장기적 관점에서 대학입시제도를 폐지하는 것도 검토할 필요가 있다. 아울러 학령인구 감소에 대응하기 위해서라도 사립대학 공영화 추진도 불가피한 대안이 될 것이다(다음 절).

3. 국립대학 무상교육? 사립대학 공영화?

몇 년만 더 지나면 대학입학 정원보다 입학할 학령인구가 더 적어진다. 2011년 반값등록금을 시점으로 교육 공공성 확대의 물꼬를 틔웠다. 이제 대학까지 무상교육을 추진해 나가야 한다. 다만, 국립대에 한정해야 한다. 즉, 국립대학 위주로 재정을 지원하고 사립대

표 7-1 지방교육재정교부금 중 이월 및 불용 규모 (단위: 억 원)

구분	2015	2016	2017	2018	2019	2015~2019
교육예산 현액	620,219	656,972	721,644	783,426	869,669	3,651,930
이월 및 불용	54,240	56,553	65,530	67,300	65,658	309,281
이월	37,329	39,000	46,055	48,858	47,598	218,840
불용	16,910	17,552	19,474	18,441	18,059	90,436

자료: 정성호(2021), 『인구소멸, 한국은 대비하고 있는가?』, p. 103.

학의 재정 지원은 과감히 중단해야 한다. 무분별하게 대학 줄 세우기를 위한 목적으로 활용되는 고등교육재정 지원은 전면 재검토가 필요하다(글로컬 대학, RISE).

이제 국가가 대학교육까지 책임을 져야 한다. 이 경우 재원의 문제가 있을 것이라는 섣부른 판단을 할 수 있는데, 현행 저출산 예산만으로도 충분히 가능하다. 현재와 같이 개별 부처 위주의 지출 일변도에서 효율적 지출로의 변화만으로 가능하다. 즉, 재원 조달의 문제는 없다. 또 다른 재원 조달과 관련한 논의를 해보면, 이미 설명한 '가족 정책'의 핵심은 보육과 교육을 합친 개념이라 할 수 있다. 즉, 우리나라의 교육은 유치원~중등교육(고등학교), 고등교육(대학교)을 의미하지만, 가족 정책은 기존의 전통적인 교육뿐만 아니라 유아교육 및 보육(early childhood education and care: ECEC)이 합친 개념이 되어야 한다는 것이다.

[표 7-1]에서 알 수 있듯이, 매년 교육예산 규모는 늘어나고 있

다. 2025년 기준 교육예산 규모는 104조 8,767억 원으로 2024년 대비 9.1조 원 증가하였다. 지방교육재정교부금(교육비 특별회계)은 학령인구 감소와 관련 없이 국가로부터 내국세의 20.79%를 이전받는다.

특이한 점은 매년 이월 및 불용액 규모가 늘어나고 있다. 2015년부터 2019년까지 이월 및 불용 예산 규모는 30조 9,281억 원에 달한다. 5년간 이월액 규모는 21조 8,840억 원이고, 불용액 규모는 9조 436억 원이다. 당시 교육부는 이월과 불용이 발생한 만큼 교육재정교부금을 삭감한다는 계획을 발표하였다. 어처구니가 없는 현상이다. 지방교육청에게 그렇지 않아도 돈을 비효율적으로 쓰고 있는데, 불필요한 곳에 더 많은 예산을 쓰라고 종용하는 것이나 마찬가지이다. 이 대신 이월과 불용예산을 보육예산으로 활용할 수 있도록 하는 제도적 장치를 마련하는 것이 어떨까 싶다. 지방교육청 단위의 통합교육재정안정화기금이 과연 필요한가? 근본적인 질문을 던져 본다. 학령인구 감소로 잉여재원은 더 많아질 텐데, 지출 용도를 바꾸면 될 일이다.

이미 언급한 바 있는 KDI(2021) 보고서에 따르면, 매년 25조 원의 교육재정교부금이 남는다고 분석하였다. 학령인구 감소에 따른 재정 개편을 하면 남는다고 판단한 교부금 규모이다. 이 정도 교육재정교부금이면, 국립대학 무상교육은 물론 취학 전 아동교육까지 지출해도 재원이 모자라지 않는다.[1] 이 재원으로 이제 사립대학 공영화도

의제로 삼아 논의를 시작해 나가야 할 때이다.

4. 재정난 대학 지원을 왜 해야 하나?

재정난 대학은 무엇을 의미하는가? 대학이 돈이 없어 쩔쩔맨다는 이야기인가? 하여간 재정을 지원해 달라는 이야기인 듯하다. 그런데 왜 재정난 대학에 재정을 지원해 달라고 할까? 정부가 모든 대학에 재정을 지원하는 것이 타당한가? 국립대학이야 그렇다 치더라도 사립대학까지 정부가 재정을 지원해야 할지는 신중하게 판단해 볼 사안이다. 대학들은 13년째 등록금을 동결해 대학 재정난이 심화되었다고 주장한다. 이러한 이유를 들어 대학들이 정부에 재정 지원을 요청하고 나선 것이다. 이유는 이렇다. 학령인구 감소에 따른 대학 입학 학생 수가 줄고 있는 데다가, 전임교원 확보에 따른 고정비용 증가와 등록금 동결 장기화가 현재 재정 부담의 핵심 요인이란 것이다. 그런데 이러한 요구의 이면에는 좀 엉뚱한 점이 발견된다. 지방교육재정교부금도 남아도는 현실인데, 추가로 '고등교육재정교부금 신

1 사립 전문대학 수가 120여 개로 집계된다. 전부는 아니더라도 선별을 통해 지역별 전문대학 무상교육을 추진하면 어떨까 싶다. 이렇듯 특화를 시킨다면 N잡시대에 경쟁력이 강화될 수 있다.

설'까지 주장한 것이다. 이것은 앞뒤가 맞지 않는다. 왜 사립대학교에 재정을 지원해야 하나? 대학에 재정을 지원하더라도 모든 사립대학에 재정을 지원할 수는 없지 않는가? 합리적인 대안이 바로 사립대학 공영제이다. 일각에서는 학령인구 감소로 대학을 줄인다면, 지방 사립대학이 대상이 되지 않을까 우려하고 있다. 어쨌거나 대학 구조조정은 지방 사립대학의 문제만은 아닌 것이 분명하다.

대안 차원에서 광역형 거점도시 소재 사립대학을 공영제로 지정할 필요가 있다. 공영제는 중앙 또는 지방정부가 재정을 지원하는 것이다. 우리나라의 경우, 사립대학 비율은 약 85% 정도이다. 미국(62%), 일본(74%)에 비해 다소 높은 편이다. 미국은 사립대학 중 절반 이상이 공영제(연방과 주정부의 재정 지원)로 운영되고, 일본은 40% 정도가 공영제로 운영된다. 이와 달리 우리나라에서는 공영제 사립대학은 한 곳도 없다(2024년 기준 전체 4년제 대학 193개). 행정 개편과 연계해 거점 광역도시 소재 대학을 중심으로 사립대학 공영화 기준은 구체화하고, 공영화를 추진해 나가야 한다. 다만, 공영제 사립대학 추진(선정) 시 정치적 이유(균형발전, 나눠먹기식) 등이 결부되어 공영화의 의미가 퇴색되지 않도록 해야 한다.

5. 「지방교육재정교부금법」을 한시 법률(매 5년마다 국회 의결)로 바꿔야

예산통합 운용의 원칙은 매년 예산을 편성하는 것을 의미한다. 다른 예산과 달리 교육예산의 경우에는 재정 여건을 고려해 매년 예산을 편성하지 않는다. 왜냐하면 교육예산은 「지방교육재정교부금법」에 근거해 내국세의 20.79%가 지방교육재정교부금으로 법정 이전되기 때문이다. 매년 내국세의 20.79%가 이전되는 구조로 교육예산의 규모는 매년 증가되는 추세이다(지방교부세는 논외). 그러다 보니 교육예산은 더욱 경직적이 되고 말았다. 그렇다고 해서 교육예산을 일반예산처럼 매년 국회 의결을 할 수는 없는 노릇이다. 따라서 '백년대계'라는 교육의 특성을 살리되, 5년마다 법정 이전 규모를 조정하자. 즉, 「지방교육재정교부금법」에 규정하고 있는 법정 이전 규모를 항구 법률이 아닌 한시 법률로 바꾸자는 것이다. 즉, 현행 내국세의 비율(20.79%) 조항을 삭제하고, 중장기적 관점에서 매 5년마다 교육예산 규모(내국세의 비율)를 조정해 예산의 탄력성을 갖자는 것이다.

함축하면, 일반예산과 교육예산을 구분해 국회의 의결로 예산을 승인하되, 본(일반)예산은 매년, 교육예산은 매 5년마다 조정을 해나가자는 것이다. 이러한 대안은 교육예산의 이월 및 불용의 한계를 치유할 수 있고, 학령인구 감소 등을 반영할 수 있다는 점에서 유의미하다. 이월 및 불용 30조 원에 더해, 앞으로 학령인구 감소를 반영하면 매년 25조 원의 잉여재원이 발생한다는 점을 고려할 때 유의미한 대안이라 하겠다. 재정 여력(fiscal space) 확보 차원에서도 매우 유의미한 전략이 될 수 있다. 프랑스의 경우 본(일반)예산과 사회보장예산으로 구분해 예산을 의결하는데, 우리의 경우에도 본예산과 교육예산을 구분해 의결하는 것을 고려할 수 있다.

6. 글로컬 대학, RISE 재검토해야…

지방대학을 살리겠다는 정부 정책은 매년 반복되고 있다. 그러나 현실은 개선되지 않고 오히려 악화되고 있다. 학령인구는 줄고, 수도권 대학 쏠림은 갈수록 심화된다. 지역 청년들은 대학을 졸업하자마자 지역을 떠나고, 그 결과 지방대학과 지역사회가 함께 무너지고 있다. 이 단순한 연결고리를 우리는 너무 오랫동안 방치해 왔다.

정부는 '지방대학 경쟁력 강화'를 목표로 '글로컬대학 30 프로젝트'와 'RISE'(지역혁신중심 대학지원 체계)라는 두 가지 대형 사업을 추진 중이다. 이들은 2023년 신설된 고등·평생교육지원특별회계(이하 고특회계)를 기반으로 하며, 올해만 약 15조 8,000억 원이라는 예산이 투입된다. 이에 걸맞은 정책 효과를 꼼꼼히 점검하고, 방향을 재설정할 필요가 있다.

'글로컬대학 30 프로젝트'는 지방대학 30곳을 선정해 글로벌 경쟁력과 지역 연계 역량을 갖춘 대학으로 육성하는 사업이다. 2023년과 2024년에 각각 10개 대학이 선정되었으며, 각 대학은 최대 5년간 1,000억 원 규모의 지원을 받는다. 대학 입장에서는 사실상 생존이 걸린 사업이다.

그러나 다수 대학의 계획이 외형 중심 전략에 치우쳐 있고, 지역사회 연계는 보조적이거나 구체성이 부족하다. 지역에 기반한 인재 양성이나 산업 연계는 선언적 수준에 머물고 있으며, 지역사회의 수요나 특성과는 괴리된 경우도 많다. 일부 대학은 실질적 혁신 없이 재정 지원과 함께 규제 완화, 특례까지 요구하고 있다. 특히, 국립대나 도립대(별안간 지방직에서 국가직으로 전환된 경우)마저 소극적이거나, 지역 이기주의로 흐르는 모습은 우려스럽다.

선정 과정도 문제다. 일부 대학은 고유 비전 없이 공모 통과를 위해 단기적 연합을 급조한다. 교육부는 이를 '지방 거점형 혁신 연합'이라 부르지만, 실제로는 정치적 안배에 따른 생존 연합인 경우가 많다. 목표와 역할이 불분명한 경우도 있어, 형식적 참여로 귀결되곤 한다. 공모 통과가 목적이 되는 구조는 본말전도를 초래한다.

RISE는 지자체와 대학이 협력해 지역 맞춤형 고등교육 전략을 수립하고 예산을 집행하는 새로운 거버넌스 모델이다. 고등교육 권한을 지역으로 이양한다는 방향은 긍정적이지만, 다수 지자체는 관련 경험과 역량이 부족하다. 일부 지역에 교육 전담 조직이 생겼지만 기반은 여전히 미흡하다. 특히, 재정 편성과 인력 운영 간의 불균형은 현장 실행력을 약화시킬 수 있다.

대학들 역시 RISE를 또 하나의 공모사업으로 인식해 행정 부담으로 받아들이고 있다. 서류 작성과 성과관리로 본래의 교육 혁신과 지역 연계가 희석될 우려가 크다. 구성원 참여를 유도할 수 있는 동기 유발과 구조적 지원 부족도 해결 과제이다. RISE가 정치 논리에 흔들리지 않고 교육의 공공성과 정합성을 지켜 갈 수 있을지 지켜보아야 한다.

이 모든 정책을 뒷받침하는 고특회계의 운영도 재검토가 필요하다. 일반회계보다 통제가 느슨한 교육재정의 특성상 고특회계도 예외는 아니다. 예산은 크지만 투명성과 평가 체계는 미흡하며, 중복사업과 단기성과 중심 지출도 반복되고 있다. 특히, 부처 간 역할과 기능 분담이 명확하지 않아, 유사 목적의 사업 중첩 문제가 계속된다.

또한 고등교육, 평생교육, 산학협력, 직업교육 등 여러 사업이 병렬적으로 운영되며 대학은 부처별 요구에 시달리고 있다. 통합 전략 부재 속에 예산 따라가기가 반복된다. 고특회계 연장 여부를 결정하기 전, 이 재정이 실질적으로 교육 혁신을 뒷받침하는지 냉정하게 검토해야 한다. 사업 간 연계성과 목표 일관성을 확보하지 않으면 회계

분리는 오히려 재정 비효율로 이어질 수 있다.

지방대 위기는 단지 대학의 문제가 아니라 지역의 존립, 인재 양성, 산업 생태계와 연결된 국가적 과제다. 재정을 얼마나 쓰느냐보다 어디에, 어떻게 쓰느냐가 더 중요하다. 구조를 바꾸지 못하면 예산도 정책도 실패한다. 글로컬 대학도, RISE도, 고특회계도 방향을 다시 설계해야 한다. 지금이 그 적기다.

8

좌충우돌 분권 (소방·경찰 사무)

1. 소방, 경찰, 교육은 지방 고유 사무
2. 이념이 아닌 실질이 담보되어야…

1. 소방, 경찰, 교육은 지방 고유 사무

주요 선진국 사례를 살펴보면, 소방·경찰과 교육 사무는 지방 고유 사무이다(교육은 국제 재정 통계 기준에도 지방사무로 분류). 그런데 우리나라는 교육과 경찰 사무를 중앙정부의 기능(사무)으로 분류하였던 것이다. 교육사무는 교육부(중앙)가 총괄하면서, 실질 교육사무는 17개 광역에 위치한 지방교육청(지방)이 수행한다. 경찰사무는 제주 자치경찰을 제외하고, 현재는 중앙정부의 사무로 분류하고 있다. 문재인 정부 들어 소방사무는 지방직에서 국가직으로 개편하였다. 반대로 경찰사무는 자치 체계로의 개편(자치경찰)을 추진하고 있다. 그런데 무엇인가 앞뒤가 맞지 않는다. 경찰사무를 자치경찰로 개편한다는 전제가 성립한다면, 설령 국가사무로 관리되던 소방사무라고 하더라도 지방사무(자치소방)로 개편해야 옳았다. 그런데 이와는 정반대로 한 것이다. 제주의 자치경찰은 차치하더라도 우리나라의 현실을 고려할 때 자치경찰이 현실적인 대안인지는 이론의 여지가 있다.

우선 소방사무부터 이야기해 보자. 소방사무는 어느 나라 할 것 없이 지방사무임에 틀림없다. 그런데 우리나라는 지방 소방직을 국가직화하였다. 정부는 소방직 국가직화는 물론 소방인력 충원을 위해 소방안전교부세율(기존 담배분 개별소비세의 20%)을 25%p 인상해 45%로 올렸다. 소방직의 국가직 전환은 처우 개선뿐만 아니라 인력과 장비 등에 대한 지역 간 격차를 해소해 재난 발생 시 효과적으로 대응하기 위한 것으로 이해할 수 있다. 그러나 국가직화는 반쪽짜리 개편이라는 지적에서조차 자유롭지 못하다. 왜냐하면 신분만 국가직으로 바꿨을 뿐 인사 및 예산 권한은 자치단체에 그대로 남아 있기 때문이다. 한편, 소방 서비스의 격차도 제각각이라는 비판을 받고 있다.[1]

그렇다면 소방직의 국가직 전환은 유의미한 정책인가? 국가직 전환의 의미는 무엇이란 말인가? 도대체 무엇이 어떻게 바뀐 것일까? 결국 중앙은 예산 부담을 핑계로, 지방은 "국가직화해 냈다"는 정도의 홍보만 하고 있다. 결국 반쪽짜리 개선에 불과하다. 왜 소방직을 국가직으로 전환해야만 하였는가에 대한 명확한 논거도 없이 단순 매표 행위는 아니었을까 하는 의구심마저 든다. 처우 개선과 인력 및 장비 현대화가 목표였다면, 국가직 전환보다는 지방직으로 유지하면서 인력과 열악한 장비를 현대화하면 될 것이다. 소방공무원 국가직 전환은 감성팔이 또는 이념팔이 정책이 아닐까 하는 지적 또는 의구심에서 자유롭지 못한 대목이다.

외국의 경우, 경찰사무도 지방사무이다. 종래 우리나라는 국가사

1 소방직 국가직화는 형식적 전환에 그쳤을 뿐, 재정은 지방에, 지휘는 이중화된 채 실질적 개혁은 미흡하였다. 중앙의 책임은 불분명하고, 지역 격차 해소도 요원하다. 이럴 바엔 다시 지방직화해 책임과 권한을 일치시키는 것이 옳다.

무로 수행해 왔다. 자치 분권 2.0시대에 부응해 국가의 경찰사무를 자치경찰제로 개편하겠다는 취지는 이해가 간다. 그런데 굳이 자치경찰제가 필요할지는 이론의 여지가 있다. 결국 이념으로 점철된 정책이 아닌가 싶어 한숨이 나온다. 상식 수준에서 현행 소방과 경찰의 사무를 판단해 보면, 지방사무인 소방은 국가직으로 전환하였고, 국가직 경찰은 자치경찰제도로 전환하겠다는 것이다. 그러면 이 둘 중 하나는 무조건 틀렸다. 아마도 전자가 더 틀린 쪽에 가깝다.

교육사무도 이제는 손질을 해야 한다. 교육사무는 오롯이 지방의 사무 영역이다. 자치경찰제를 추진하면서 교육사무 개편 이야기는 없다. 그 와중에 고등·평생교육지원특별회계가 설치되었고, '고등교육재정교부금'을 신설해 달라고 한 술 더 뜬 상태이다. 무슨 이야기인지 알고 이 주장을 하는지 모르겠다. 고등교육재정교부금 신설을 주장하는 교육부를 보면 한숨이 절로 나온다. 교육부가 교육사무를 총괄하고는 있지만 대부분 교육사무는 지방교육청이 수행하고 있다. 교육부의 남은 기능이라고는 대학교육과 교육정책 정도라는 점을 감안해 볼 때 교육사무를 대폭 지방교육청으로 이전(개편)이 필요하다는 주장을 하였어야 옳았다. 교육부가 기존 패러다임에서 한 발짝도 벗어나지 못하고 있다는 판단이 든다. 도대체 무슨 생각을 하고 있을까? 교육부가 실제로 수행하고 있는 업무라 해보아야 대학 줄 세우기(고등교육)와 교육정책 수립 정도일 것이다. 따라서 교육부를 유지할 것이 아니라 교육위원회로 축소 개편하는 것도 고려해 보아야 한다. 2021년 국회 교육위를 통과한 「국가교육위원회 설치 및 운영에 관한 법률」(국가 교육위원회법)이 시행되고 있다(2022. 1. 12). 옥상옥인 국가교육위원회를 만들 것이 아니라 '교육부'를 아예 '교육위원회'로 축소 개편하는 것을 검토할 필요가 있다.

2. 이념이 아닌 실질이 담보되어야…

이념과 가치가 분명해야 좋은 정책을 입안할 수 있다. 즉, 이념과 가치에 기반한 정책 설계가 무엇보다 중요하다는 것이다. 그런데 한 가지 되짚어 보아야 할 부분이 있다. 매표 행위 수단으로 어설픈 정책이 추진된다면 문제가 아닐 수 없다. 즉, 정책 구현을 위해 본질과는 거리가 있는 이념을 잣대로 가져오는 경우이다. 이념과 가치는 좋다고 치자. 그렇다고 그 이념이 좋은 정책으로 이어질지 알 수 없다. 의도가 좋다고 해서 정책 결과가 좋은 것은 아닌 것처럼 말이다(예, 인천국제공항공사 정규직화).

정부가 주장하는 자치 분권 2.0의 그림은 주민자치를 구현하는 것이다. 자치 분권을 구현하기 위해 경찰을 자치경찰로 개편한다면, 소방과 교육도 동일한 맥락에서 개편을 했어야 하였다. 그런데 그 반대의 양상을 보이고 있다. 잘 알다시피, 지방 소방은 다시 국가 소방으로 개편하였고, 교육은 별 할 일 없는 교육부가 여전히 전권을 행사하고 있다. 이미 거의 모든 교육사무는 지방교육청이 관리하고 있다는 점을 감안해 해결의 실마리를 찾아 나서야 한다. 교육부는 교육정책과 고등교육 기능만 남기고 지방으로 이양해야 한다. 앞에서 설명한 바와 같이 교육위원회 정도면 족하지 않을까? 이념이 아닌 분권의 실질을 구현할 방도를 찾아 먼 길을 나서야 할 것이 아닌가?

제 3 편

실사구시,
분권의 길

실사구시, 분권은 난제 중 난제로 거대 담론을 형성해 추진해 나가야 한다. 방향성은 책임감과 자율성을 전제한 분권이 맞다.
우선, 재정·정치·행정 분권순으로 추진하되, 차등 분권, 정치 체계 개편, 광역형 거점도시 개편, 지방교육재정교부금의 법정 이전 규모 조정(한시 법률로)이 필요하다. 그래야만 미래(인구소멸) 대응이 가능한 분권 전략이 될 수 있다.

9

재정 분권, 거대 담론

실사구시, 재정 분권은 어떻게 실현할 수 있을까? 구체적인 대안을 언급하기보다는 거대 담론을 중심으로 두어 가지를 이야기해 보자. 재정 분권은 자율성과 책임성이 전제되어야 한다. 우선 자치단체 스스로 과세 권한을 행사할 수 있어야 한다(다만, 헌법 조세법률주의의 개정 필요). 중앙정부가 자치단체 간 재정 형평성에 주안을 둔다면, 자치단체는 재정의 책임성과 자율성에 근간을 두어야 한다. 중앙집권이 꼭 유해한 것은 아니다. 외부효과가 존재하는 경우 집권이 공공재 제공 측면에서 오히려 유리할 수도 있다. 지방정부는 스스로가 세율을 결정할 권한조차 없다. 굳이 있다고 하면, 「지방재정법」에 근거해 재산세에 탄력세를 적용하는 것이다. 다만, 자치단체장들이 탄력세를 적용하지 않고 있을 뿐이다. 결국 자치단체는 중앙정부의 보조금에 의존할 수밖에 없는 현실적 제약이 있다. 따라서 지금까지의 방식인 재정 확충을 통해 자치단체의 세입을 높여 간다고 하더라도 재정 책임성을 높일 것이라는 기대는 어렵다. 재정 확충은 별개의 사안일 뿐 진정한 의미의 재정 분권이 아니다. 결국 재정 책임성 강화를 위한 유인 체계를 마련할 필요가 있다.

1. 재정 확충과 균형발전이 재정 분권?

재정 분권을 국정과제로 추진하였던 노무현 정부와 이를 계승한 문재인 정부는 재정 분권을 강화하는 과정에서 그 개념의 불명확성이 그대로 노출되고 말았다. 재정 분권의 목표와 수단, 지향점이 분명하지 않아 발생한 결과이다. 즉, 재정 분권의 목표와 수단이 일관적이고 명확하지 않으면 정책의 혼선을 야기하게 된다. 이는 재정 분권의 정확한 의미에 대한 합의를 어렵게 만들고, 목표와 수단이 상충되고 만다. 그 대표적인 사례가 재정 확충이 '재정 분권인가' 또는 '균형발전인가'에 대한 논쟁일 것이다.

재정 분권과 균형발전은 엄연히 다르다. 하지만 명확한 합의 없이 재정 분권을 추진하는 과정에서 재정 확충(지방소비세를 11%에서 25.3%로 증액, 지방소비세는 광역자치단체 세수이기 때문에 기초자치단체는 더 취약)이 마치 재정 분권으로 인식되었고, 균형발전이 재정 분권으로 왜곡된 것이다.

원론적으로 재정 분권의 의미 해석이 상충되고 있다. 즉, 정치권과 학자(지방자치학자, 법학자, 재정학자 등)들이 재정 분권의 의미를 자신의 입맛대로 해석하는 것이다. 정치권(국회의원 등)과 자치단체(단체장 포함)는 재정 확충이 재정 분권이라는 인식이 강하게 자리하고 있다. 이들은 선거에서 이겨야 하기 때문에 득표 극대화를 목적으로 해당 지역에 더 많은 국고보조금을 획득(재정 확충)하기 위해 노력하게 된다.

과거 노무현 정부를 회상해 보면, 재정력이 높은 자치단체는 국세의 지방 이양을 재정 분권으로 인식한 반면, 재정력이 취약한 자치단체는 중앙정부의 재정 지원(예, 재정 확충)을 재정 분권으로 인식하였다. 자치단체의 지방세수 확충과 무관하게 중앙정부의 재정 지원 강화가 재정 분권으로 인식되기도 하였고, 분권 강화와 중앙정부의 재정 지원 강화를 동시에 주장하는 역설적인 현상도 발생하였다(정성호, 2018).

학자들마다 서로 재정 분권의 관점이 다르다. 지방자치학자(법학자 포함)의 견해는 지방자치권 강화를 주장하면서 재정은 추후의 문제로 치부하며 지나치게 이상적인 재정 분권을 지향하고 있다. 이는 재정 분권보다는 재정 확충에 초점을 둔 근본 이유이다. 또한 경제학자의 견해는 적정 재정 분권(예, 세입 분권, 세출 분권)을 정량화된 수치로 제시하려고 한다. 하지만 이러한 접근에 의미를 부여할 수 없다. 왜냐하면 개별 국가의 경로의존성에 기초해 볼 때 적정 재정 분권이란 존재할 수 없기 때문이다. 재정 분권을 논의할 때 학제적(inter-disciplinary) 연계를 고려할 필요가 있다. 그렇지 않으면 재정 분권은 현실과 괴리된 독트린에 불과하다. 우리나라는 지방세 비중 증가의 필요성을 역설하면서 우스갯소리로 '2할 자치'(국세와 지방세의 비중이 8 : 2)라는 수사를 흔히 사용한다. 2할 자치라는 수사는 무엇인가 2% 부족한 듯하며, 이에 관한 논거가 뒷받침되어야 한다. 그렇다면 현 시점에서 추론 가능한 것은 재정 확충 또는 국세의 지방 이양을 추진하여 문재인 정부가 목표로 하는 4할 자치가 된다고 가정하면 재정 분권이 완성되는지 반문해 볼 필요가 있다. 그런데 답은 '아니올시다'이다.

국가마다 적정 재정 분권 규모는 정치·사회적 환경에 기인되기 때문에 다를 수밖에 없다. 전통적으로 분권을 추구하였던 국가와 집권을 추구하였던 국가는 그 출발점이 다르다. 따라서 재정 분권 또한 달리 접근해야 한다. 4할 자치가 되면 무엇이 바뀌나? 현재의 지방정부 구조라면 바뀔 것이 전혀 없다. 2023년 기준, 재정자립도가 30% 이하인 자치단체가 203개인 점을 감안해 보면 자치단체 입장에서는 재정 지원 강화(재정 확충)를 재정 분권이라 주장하는 것도 무리가 아니다. 그러나 재정 확충은 진정한 의미의 재정 분권과는 아주 거리가 멀다. 그간 정부가 추진한 재정 분권은 지방자치 시대 이전(1995)과 크게 다르지 않으며, 중앙정부의 사무를 자치단체에 위임하여 수행하는 방식을 유지하고 있다. 재정은 중앙정부의 이전재원으로 운영하고 있어 과거에 비해 오히려 더욱 예속되고 말았다. 즉, 현재에도 재정 분권에 관해 수사적 주장만 난무할 뿐 진정한 의미에서 재정 분권은 논의조차 되지 않고 있다(정성호, 2018).

2. 자율성과 책임성에 기초한 재정 분권

자율성만 강조하는 것이 재정 분권인가? 자치단체의 입장에서는 책임성보다는 자율성을 강조하고 있는 것이 현실이다. 책임성과 자율성이 담보되지 않은 재정 분권은 무용지물이 되고 만다. 재정 분권의 방향이 정치적 수사(4할 자치)로 단순화될 경우 정치·행정 분권의 관점에서 추진한 재정정책이 경제성장(효율성)은 물론 균형발전(형평성)에 영향을 미칠 수 없다. 특히, 재정 분권의 다원적 성격이 제대로 이해되지 않을 경우, 단순논리에 입각한 재정 분권은 긍정적이기보다 부정적일 가능성이 높고, 재정 분권의 진정한 의미가 퇴색될 가능성이 높다.

근본적으로 재정 분권은 자율성과 책임성을 근간으로 한다. 자치단체 83.5%(203개)가 재정자립도 30% 이하인 점을 감안하면 지방정부의 자율성은 담보하기 힘들다. 결국 중앙정부의 이전재원으로 적어도 70%를 지원받아 지방정부를 운영하다 보니 중앙정부에 예속될 수밖에 없는 구조가 된다. 그러니 당연히 책임성도 담보하기 힘들다. 따라서 지방교부세 불교부 단체의 온전한 재정 분권 지향과 더불어 재정자립도가 80% 이상인 자치단체는 국세의 지방 이양 등의 방식으로 재정 분권을 지향해야 한다. 즉, 국세의 지방세로의 대체(지방세 규모 확대)를 할 필요가 있다(국고보조금과 지방교부세 확충이 아닌). 일본의 경우, 2003년 세 가지 재정 개혁을 동시에 추진하였다(이를 '삼위일체 개혁'이라 부름). 국고보조금을 줄이면 국세수입이 증가되는 만큼 지방세로 재원을 이양하였고, 지방교부세 총액을 제한하였으며, 국세인 소득세를 주민세(개인분)로 대체하였다. 그 결과 지방세의 비중이 크게 상승하였다. 이러한 대목은 눈여겨볼 만하다. 즉, 한국의 경우, 국고보조금을 전면 개혁(폐지 가능한 국고보조사업 위주)하고, 안정적인 국세(부가가치세, 소득세)를 경기에 민감한 지방세(취득세 등의 재산세)로 대체할 필요가 있다. 이러한 조치는 세원 이양을 의미한다. 세원 이양 규모는 국세-지방세 비중(우선 7 : 3 또는 장기적으로 6 : 4)에 맞추어 점진적으로 조정해 나가야 한다. 과거부터 지금까지의 관행처럼 부가가치세를 조금(11%에서 25.3%로) 늘리는 것이 재정 분권은 아니다. 이는 단순 재정 확충에 불과하다. 지방세 비중의 점진적 조정은 시범적(pilot test)으로 실행해 볼 필요가 있다. 왜냐하면 지방세 비중의 증가에도 불구하고 여전히 수직적 재정 분권은 물론 수평적 재정 분권이 같이 고려되어야 하기 때문이다. 다만, 지방세로 세원 이양의 당위성을 전제로 지방정부의 자율성과 책임성을 담보해야 한다.

자치단체에 과세 권한이 없는 한 지방세율을 높여 재정 분권을 달성하기 어렵다. 기본적으로 재정 분권은 재정의 책임성과 자율성에 근간을 두기 때문이다. 예컨대, 지방세 비중이 20%에서 30% 또는 40%로 증가하면 지역 공공재를 제공할 여력이 커지게 된다. 하지만 책임성과 자율성이 결여된 상태에서는 세수가 늘어나더라도 비효율적으로 활용될 가능성이 적지 않다.

10

행정 분권, 정치 분권, 재정 분권의 길

1. 광역 단위 행정 통합이 아닌 광역형 거점도시로 개편: 행정 분권

재정 분권은 우선 행정 분권과 연계해야 하고, 행정구역 개편과도 연계해야 한다. 여기서 행정 분권은 중앙(국가)과 지방 사무의 명확한 구분을 통해 책임성과 자율성을 강화하는 것이다. 또한 행정구역 개편은 기존 행정구역(243개 자치단체)이 아닌 광역형 거점도시(현재의 광역시·도를 폐지하고 약 50여 개)로의 개편을 말한다. 행정구역 개편이 되어야 진정한 의미의 재정 분권이 가능해진다.

행정 분권은 국가사무, 광역사무, 기초사무의 중복을 개선하여야 한다. 우선적으로 광역-기초 자치단체의 기능 중복을 개선해야 한다. 현재 중앙정부-광역-기초에서 수행하는 사무는 거의 동일하다. 즉, 대부분의 사무가 지방 고유 사무라기보다는 중앙사무를 수행하는 정도에 머물러 있다.

행정구역 개편은 재정 지출의 중복을 피하고 '규모의 경제'를 추구하기 위해, 나아가 자치단체의 자율성을 제고하기 위해 필수적으로 추진해 나가야 한다. 외형적으로는 244개(중앙정부+243개 자치단체) 개별 정부가 유지되는 것과 마찬가지이다. 지금의 자치단체 구성을 50여 개 광역형 거점도시로 재편(광역시·도 폐지)해 재정 투입의 책임성과 자율성을 강화할 필요가 있다. 기존 체계를 그대로 유지한 채 재정 분권을 추구한다면 '밑 빠진 독에 물 붓기'와 다를 것이 없다(정성호, 2018).

행정구역 재편은 지방의 인구소멸 또는 인구지진(학령인구 감소) 대응 방안이기도 하다. 강조하건대, 행정구역 개편과 연계해야만 재정 분권의 책임성과 자율성을 확보할 수 있다. 재정의 책임성과 자율성을 극대화하는 자치단체의 단위와 조건을 고민해야 한다. '광역형 거점도시'는 좋은 대안이 될 수 있다.

2. 정치 분권 체계로 개편되어야: 기초의회 폐지 등

행정 분권 못지않게 정치 분권도 매우 중요하다. 자치단체장과 지방의회 의원을 직접 선거로 뽑는다고 해서 정치 분권이라 말할 수 없다. 정치 분권은 우선 의회 체계 개편으로부터 시작되어야 한다. 이미 설명한 바와 같이 우리나라의 정치 구조는 철저하게 중앙에 예속되어 있다. 행정과 재정 권한이 중앙에 집중되어 있듯 정치도 그러하다는 이야기이다. 중앙당과 시도당이라는 체계 속에 정치 그 자체가 분권으로 나아갈 수 없다. 중앙당과 시도당의 역할을 어떻게 개편해 나갈지도 난제이다. 지방의회와 어떻게 조정해 나갈 것인지 대안 마련이 필요해 보인다.

이러한 구조하에 지방의회는 광역시·도의회, 기초의회로 세분화되어 있다. 자신의 이익을 위해 비생산적인 활동에 경쟁적으로 자원을 낭비하는 의회가 광역시·도의회, 기초의회로 세분화되어 있을 이유가 없다. 국가-광역-기초의 사무 중복을 개선하는 것과 마찬가지로 사실상 기초의회의 폐지를 통해 업무의 중복을 줄일 필요가 있다. 그동안 기초의회 폐지는 여러 차례 거론되었지만 실질적 성과를 거두지는 못하였다. 자치 분권 시대에 걸맞게 미래지향적으로 폐지를 향한 새로운 발걸음을 시작해야 한다. 기초의회의 폐지는 인구소멸 대응 차원에서 유의미한 대안이라 할 수 있다.

「지방자치법」 전부개정에 따라 지방의회 권한이 확대되었다. 이에 따라 시·도의회가 인사권을 갖게 되었고, 입법·예산심의 등 의정활동 지원을 위해 정책지원관을 둘 수 있게 되었다. 이러한 권한 확대는 긍정적 효과도 있겠지만, 지방의회의 '권한남용'도 무시할 수 없게 되었다.

3. 차등적 재정 분권을 추진해야

지역의 특성을 반영하지 못하는 획일적 재정 분권의 대안 차원에서 차등적 분권이 논의되었다. 차등적 재정 분권은 획일적 재정 분권을 강화해서는 결코 지역 간 재정력 격차를 해소할 수 없다는 것이다. 즉, 집권적 재정 균등화 조치는 지역 간 불균등을 치유할 수 없다는 이야기이다. 이러한 주장의 배경은 각 지역의 인적·물적 특성이 서로 다르기 때문에 지역이 주도하는 경제발전을 지원해야 한다는 것이다. 아울러 지역의 자생력을 회복하기 위해 이질성도 반영해야 된다는 것이다. 이렇듯 차등적 재정 분권은 서로 다른(이질적) 조건을 반영할 수 있도록 다른 재정 관계 틀이 필요하다는 인식에 기초하고 있는 것이다. 한마디로 차등적 재정 분권은 '실질적 분권', '질적 차원에서의 균형'을 추구한다고 할 수 있다.

OECD(2019)에 의하면, 1950년대에는 약 45%의 국가가 일종의 차등적 분권(거버넌스)을 채택하였다면, 2010년에는 62%로 광범위하고 다양한 형태의 차등적 분권 체제가 활용되고 있다.[1] 최근 외국 저널에서 차등 분권에 관한 논의가 활발하게 진행되고 있다.

국내에서는 재정 관점의 차등적 분권을 제안한 학자는 많지 않다. 저자가 주장한 일종의 차등적 분권은 지방교부세 불교부 단체는 온전한 재정 분권이 가능하도록 해 주어야 한다는 것이다. 즉, 재정에 관한 한 자치단체 스스로 모든 권한을 행사할 수 있어야 한다는 것이다. 현재와 같이 중앙정부(부처)가 절대로 "콩 놓아라 팥 놓아라"

1 OECD(2019), *Asymmetric decentralisation: Policy implications in Colombia*, OECD Multi - Level Governance Studies.

해서는 안된다. 동일한 맥락에서 재정자립도가 80% 이상인 자치단체도 온전한 재정 분권을 허용해야 한다. 이들 자치단체에게는 자체 세입을 지속적으로 늘려 나갈 수 있는 유인 체계를 만들고, 책임성과 자율성을 담보한 세출 체계가 되도록 해야 한다(온전한 세입 분권과 세출 분권 지향). 궁극적으로는 지방교부세 불교부 단체가 될 수 있도록 해 주어야 하고,[2] 그때까지는 현재와 같이 지방교부세를 배분해 주면 된다.

한편, 재정자립도가 30% 이하인 자치단체는 다양한 차원에서 재정 분권의 방향을 고민해 보아야 한다. 이 부류의 자치단체는 사실상 자체 세입을 늘릴 수 없는 구조적 한계에 직면해 있다(그렇다 하더라도, 자체 세입을 늘려 나갈 수 있도록 유인 체계를 강화). 따라서 지방교부세(국고보조금은 논외) 등을 통한 재정 확충은 불가피한 측면이 있다. 다만, 현재와 같이 행정안전부가 주관해 매년 지방교부세를 산정하는 불필요한 에너지 낭비는 줄여야 한다. 대안으로 개별 자치단체(243개)에게 배분되는 지방교부세는 전년과 동일한 규모로 배분해도 큰 차이는 없다. 필요하다면, 매 3년 또는 5년 정도에 한 번 지방교부세 산정 기준을 바꾸고 이에 근거해 배분하면 족하다. 이제 이론의 여지는 있겠지만, 한 가지 현실적 대안을 제안해 본다. 이 부류의 자치단

2 그런데 과연 행정안전부가 지방교부세 불교부 단체가 늘어나는 것을 반길지는 심히 의문이다.

체는 중앙정부의 이전재원으로 재정을 운영하는 구조인 만큼 대규모 세출 집행 권한은 규제(모니터링)할 필요가 있다. 재원의 불합리한 지출을 규제할 필요가 있다는 것이다(세출 분권 제한). 지방정부가 예산 편성 시 지출 승인(예, 미국의 지출승인법)을 통해 대규모 불필요한 지출이 있는지를 모니터링하면 된다. 예컨대, 자치단체장이 재선을 위한 치적쌓기용 대규모 건설사업 등은 반드시 규제해야 한다. 왜냐하면 이러한 사업은 대체로 만성 적자의 원인이 되기 때문이다. 낭비성 재정 지출의 규제를 통한 세출의 책임성을 담보해 나가는 것이 무엇보다 중요하다(세입 분권, 세출 분권 권한 폐지).

4. 행안부와 교육부의 재정 권한 없애기: 기획재정부로 기능 통합 일원화

현행 지방재정 관리 체계는 기획재정부, 행정안전부, 교육부로 분산되어 있다. 분산된 지방재정 관리 기능은 기획재정부(또는 재무부)로 일원화할 필요가 있다. 이는 매번 정부가 바뀔 때마다 주장하였던 재정 분권의 방향과도 궤를 같이한다. 거시적 재정 분권의 방향에서 중요하게 다루어져야 할 국세-지방세 조정 기능을 수행하기도 적합하다. 진정한 의미에서 정부 전체 재정의 컨트롤타워 기능을 할 수 있다는 점에서도 의미가 크다. 재정관리 기능을 기획재정부(또는 분리 개편 시 재무부)로 일원화한다면 행정안전부와 교육부는 대폭 축소가 가능하다. 재정 분권과 정부 차원의 재정 컨트롤타워에 대해 논의하고 있는 만큼, 여기서 행정안전부와 교육부의 조직 문제까지 설명할 필요는 없겠지만, 현 '인사혁신처'의 기능은 행정안전부 하위 위원회 조직으로 운영하고, 교육부도 '교육위원회'로 축소 개편할 필요가 있다(정성호, 2018).

과거 노무현 정부 시절 기획조정 기능에 맞는 기획예산처를 두고, 경제정책 기능에 맞는 재무부 또는 재정경제부(가칭)를 신설하는 것이 언급되기도 하였다. 기획재정부의 국제금융 기능은 금융위원회로 이관하는 식이었다. 지속 가능한 재정 운영을 위한 재정 분권을 전제로 한다면 기획예산 기능을 가진 부처(조직)가 정부 전체 재정의 컨트롤타워 기능을 하는 것은 지극히 당연하다. 미국은 의회가 예산 편성권을 갖고 있기 때문에 행정부가 이를 견제하기 위해 대통령 직속기구로 예산관리처(Office of Management and Budget: OMB)를 편제하였다. 한국은 행정부가 예산 편성권을 갖고 있기 때문에 의회에 제어 기능을 가진 조직을 신설하자는 주장이 있을 수 있지만 그간 정치적 관행 등을 고려해 볼 때, 대통령실 산하에 두는 것이 타당해 보인다. 과거처럼 행정부에 편제되든 아니면 대통령실 산하에 두든, 기획예산 기능을 독립시키는 것은 시작에 불과하다. 기획예산 기능의 독립과 함께 법제 기능을 추가하여 기존의 관행과 사무 영역에서 혁신이 동반되도록 해야 한다(정성호, 2018). 이러한 체계로의 변화는 복합적 함의를 지닌다. 즉, 재정관리 체계의 일원화는 중앙정부뿐만 아니라 지방정부의 재정 기능(교육 기능)이 통합되는 것을 의미한다. 재정과 관련된 정부조직은 복잡하게 얽혀 있다. 때문에 정부재정 관리의 통합 일원화는 복잡하고 어려운 일이다. 따라서 기획재정부(청와대 산하 OMB와 유사한 조직으로의 개편 시)로 '통합 재정관리 기능'을 신설해 중앙재정과 지방재정(교육 포함)을 통합관리 체계로 일원화할 필요가 있다.

지방교부세와 지방교육재정교부금을 간략히 살펴보면 금방 알 수 있다. 행정안전부와 교육부가 지방교부세와 지방교육재정교부금을 배분하다 보니 자치단체 입장에서는 여러 정부 부처와 특별권력 관계를 형성해야 하는 상황에 놓이게 된다. 즉, 기획재정부는 중앙재정을 관리하고, 행정안전부는 지방재정을 관리하고, 교육부가 지방교육재정을 관리하다 보니 일관된 재정관리가 어렵다. 뿐만 아니라, 중앙-지방과 일반행정-교육행정의 보완성 및 효율성을 추구하는 데도 한계가 있다.

5. 지방교육재정교부금의 전면 개편: 한시 법률로 법정 이전 규모 조정

2025년 재정 당국 차원에서 교육예산 개편을 위해 교육부에 지방교육재정교부금 개편을 요구하였더니 별안간 '고등교육재정교부금' 신설을 주장하였다(17~20대 국회에서 총 10건 발의, 회기만료로 폐기). 그리고 고등·평생교육지원특별회계가 설치되었다(2022. 12). 이는 부처 간 칸막이가 존재한다는 점을 여실히 보여 주고 있고, 정치인의 득표행위와 관련이 있다는 판단이 가능하다. 한마디로 재정 분권이 추진되기보다 각 부처가 중앙집권적 권한을 지키기에 급급한 현실을 방증하는 것이다. 결국에는 재정 분권에 완전히 역행하는 것에 불과하다. 이미 설명한 바와 같이, 항구 법률인 「지방교육재정교부금법」을 개정해, 법정 이전 규모(내국세의 20.79%) 조항을 삭제하고, 학령인구 감소 등을 반영할 수 있도록 해야 한다. 대안으로 항구 법률을 한시 법률 체계로 개편해 매 5년마다 교육재정교부금 법정 이전 비율을 국회에서 재의결하는 구조로 개편하면 된다.

6. 일반재정과 교육재정의 통합

또 하나의 의제는 일반재정과 교육재정으로 구분된 지방재정을 통합해야 한다. 통합에 반대하는 주된 논거는 교육자치의 근간을 훼손함은 물론 교육재정 예산을 지방재정에 지출할 여지가 있다는 것이다. 그런데 일반재정과 교육재정을 통합한다고 하더라도, 현재와 동일하게 기존의 지방재정과 지방교육재정 예산 항목에 기초해 지출을 한다면 우려할 사항이 아닌 것 같다. 이미 설명한 바와 같이, 교육재정교부금의 이월 및 불용액 규모는 계속 증가(누적)되고 있고, 교육재정교부금 중 연 25조 원이 남는다고 하니 교육재정 체계 개편을 위한 물꼬를 터야 한다(KDI, 2021). 예를 들면, 지방교육재정교부금은 고등교육(거점 국립대학과 거점 사립공영대학 교육비)과 취학 전 아동교육비 등에 활용할 수 있다.

11

맞춤형 분권: 지역 역량에 기반한 자치 설계의 방향

1. 왜 비대칭적 분권인가?
2. 203개 자치단체가 재정자립도 30% 이하인 현실
3. 자치 모델 유형화: 역량 기반의 분권 프레임
4. 맞춤형 분권 제도화 전략: 법률·재정·운영 체계의 연동 개편
5. 유형 분류가 또 다른 지방 통제 수단으로 활용되지 말아야
6. 모두에게 같은 자치가 아니라, 각자에게 맞는 자치로

1. 왜 비대칭적 분권인가?

우리나라는 수십 년간 지방 분권을 국가적 과제로 삼아 왔으나, 실질적으로는 모든 자치단체에 동일한 권한과 책임을 부여하는 획일적 모델을 고수하는 데 머물렀다. 이는 지역 간 행정 역량, 재정 자립도, 주민 참여 기반의 심각한 격차를 무시한 결과였다. '평등한 분권'이라는 표어 아래 추진된 정책들은 오히려 자치의 실효성을 약화시키고, 지역 실패의 책임을 자치단체에 전가하는 구조를 고착화시켰다.

현실에서는 많은 기초자치단체들이 독자적으로 정책을 기획하거나 재정을 운용할 역량조차 갖추지 못한 상황이다. 그럼에도 불구하고 이들 자치단체는 중앙정부로부터 자율성과 책임성을 동시에 요구받으며, 형식적 자치의 굴레에 갇혀버렸다. 자치단체들이 중앙정부의 지침을 충실히 이행하는 데 급급하며, 독자적 기획이나 정책 혁신은 기대할 수 없는 구조 속에 갇힌 것이다.

이러한 획일적 분권 모델은 비교적 재정 여건(역량 포함)이 건실한 지역조차 발목을 잡고, 그렇지 못한 지역은 실패를 고착화하는 이중적 부작용을 낳았다. 역량 있는 자치단체들은 중앙의 통제에 가로막혀 자율적 발전의 기회를 박탈당하였으며, 역량이 부족한 지역들은 스스로 문제를 해결할 수 없는 상태로 방치되었다. 이처럼 실패한 분권 체계를 바로잡기 위해서는, 이제 '모두에게 같은 자치'가 아니라 '각자의 역량에 맞는 자치'로 전환해야 한다. 지역별 특성과 현실을 반영한 비대칭적 분권(asymmetric decentralization)만이 진정한 지방자치의 미래를 열 수 있다.

2. 203개 자치단체가 재정자립도 30% 이하인 현실

2023년 기준, 전국 243개 지방자치단체 가운데 203개 단체가 재정자립도 30% 이하인 상태에 놓여 있다. 이는 전체의 83.5%에 달하는 압도적인 비율이며, 사실상 자력으로 독립적 행정을 수행할 수 없는 단체가 대다수임을 의미한다. 재정자립도의 열악함은 단순한 수입 구조의 문제가 아니다. 그것은 자치단체의 정책 기획력, 조직 운영 능력, 주민 참여 기반 등 모든 영역의 구조적 취약성과 직결된다.

특히, 군 단위 기초자치단체나 소규모 도농복합시의 경우, 중앙정부의 보조금과 지방교부세에 절대적으로 의존하며, 자체 세입 기반이 매우 취약하다. 이들은 예산 편성에서부터 정책 집행에 이르기까지 독자성을 확보하지 못하고, 중앙정부의 정책 방향에 따라 움직일 수밖에 없는 실정이다. 이처럼 재정적으로 종속된 구조에서는 지방자치의 본질인 책임성과 자율성을 제대로 구현할 수 없다.

이와 같은 현실을 외면한 채 모든 자치단체에 동일한 수준의 권한과 책임을 부여하는 것은 비효율적이며, 오히려 지방자치 실패를 구조화하는 결과를 초래한다. 따라서 자치의 실질화를 위해서는 재정자립도를 비롯한 행·재정 역량을 정확히 진단하고, 그에 따른 차등적 지원 및 권한 부여 체계를 설계하는 것이 필수적이다. 아울러 재정 지원 방식도 일괄적 보전이 아니라, 개별 자치단체의 성장 가능성과 노력 정도를 반영한 성과 기반 맞춤형 지원 체계로 전환되어야 한다.

3. 자치 모델 유형화: 역량 기반의 분권 프레임

자치단체별로 상이한 여건과 역량을 고려하지 않는 획일적 분권은 실패를 반복할 뿐이다. 개별 자치단체의 재정자립도, 정책 기획 역량, 조직 운영 능력, 주민 참여 수준을 종합적으로 진단하고, 이를 바탕으로 차등적 자치 모델을 설계하는 것이 맞춤형 분권의 출발점이 되어야 한다. 이를 위해 자치단체를 다음과 같이 유형화할 수 있다.

첫째, '자립형 자치단체'는 재정자립도 80% 이상(또는 지방교부세 불교부 단체)이며, 독자적 정책 기획, 예산 편성, 조직 운영이 가능한 고도 자율형 단체이다. 이들은 중앙정부의 간섭 없이 독립적으로 행정을 운영할 수 있는 역량을 갖추고 있으며, 국가 전체 자치발전의 선도 모델로 기능할 수 있다. 따라서 고도의 자율권 부여와 함께 전략특구 지정, 규제 자유화, 정책실험의 자유를 폭넓게 보장해야 한다.

둘째, '협력형 자치단체'는 재정자립도 30~50% 수준이며, 독자적 정책 집행에는 한계가 있지만 광역자치단체나 권역별 협력 체계 내에서 공동사무 수행이 가능한 중간 수준 단체를 말한다. 이들은 광역-기초 간 수평적 거버넌스 체계를 구축하고, 공동기획 및 공동예산 운영을 통해 자치 역량을 점진적으로 강화해야 한다.

셋째, '관리형 자치단체'는 재정자립도 30% 이하이며, 행·재정 전반의 자율적 실행 능력이 부족한 단체를 의미한다. 이들은 대부분 기초자치단체가 해당될 것인데, 광역자치단체 직속의 지원 체계 아래에서 기획, 예산, 조직 운영 전반에 대해 전략적 통합 지원을 받게 하고, 장기적으로는 자치 역량 강화 프로그램을 통해 상위 유형으로의 전환을 목표로 해야 한다.

이와 같은 유형화는 고정된 틀로 작동해서는 안되며, 자치단체가 성과를 통해 상위 모델로 이동할 수 있는 유동적 구조로 설계되어야 한다. 무엇보다 이러한 유형 분류가 또 다른 형태의 중앙통제 수단으로 악용되지 않도록 자치단체 스스로가 혁신과 주민 참여 확대를 병행하는 민주적 거버넌스 설계가 반드시 병행되어야 한다.

4. 맞춤형 분권 제도화 전략: 법률·재정·운영 체계의 연동 개편

비대칭적(맞춤형) 분권을 실현하기 위해서는 단순히 행정지침이나 시범사업 수준의 개편을 넘어, 법률·재정·행정 운영 체계 전반을 구조적으로 개편하는 제도화 전략이 필요하다. 단발적 시도나 일회성 시범사업으로는 자치단체 간의 격차를 교정할 수 없으며, 오히려 기존의 중앙통제 구조만 더욱 강화하는 부작용을 초래할 수 있다.

우선, 「지방자치법」을 개정하여 자치단체를 단일 구조로 전제하지 않고, 유형별로 분류하고 권한을 차등 부여하는 법적 근거를 명문화해야 한다. 이는 자치단체 스스로가 자신들의 역량을 제고할 수 있는 동기를 부여하는 기반이 될 것이다. 유형 간 이동 경로를 제도화해 일정한 성과를 거둔 자치단체는 이른바 상위 유형으로 승격될 수 있도록 하고, 그렇지 못한 단체는 맞춤형 지원과 관리 체계를 통해 단계적으로 역량을 강화하는 구조를 구축해야 한다.

둘째, 「지방재정법」을 개정하여 재정자립도뿐만 아니라 정책 기획 역량, 조직 운영 능력, 주민만족도 등을 복합적으로 고려하는 새로운 지방교부세 및 국고보조금 배분 체계를 마련해야 한다. 일률적 배분이 아닌, 성과 기반 차등 지원 체계로 전환함으로써 개별 자치단체가 스스로 혁신할 수 있는 동기를 제공해야 한다.

셋째, 자치단체의 행정 역량을 정기적으로 진단하고 공개하는 '자치 역량 종합평가제'를 도입해, 주민과 중앙정부가 자치단체의 발전 상태를 투명하게 파악할 수 있도록 해야 한다. 이를 통해 단순한 자율권 부여를 넘어, 자율성과 책임성을 동시에 강화하는 실질적 자치 체계를 구축할 수 있을 것이다.

5. 유형 분류가 또 다른 지방 통제 수단으로 활용되지 말아야

맞춤형(비대칭형) 분권 체계가 자칫 잘못 설계되면, 오히려 중앙정부의 통제 수단으로 전락할 위험성이 있다. 자치단체 유형 분류가 일방적 평가와 권한 제한의 수단으로 악용될 경우, 이는 기존의 획일적 분권보다도 더 심각한 역효과를 초래할 수 있다. 따라서 유형화의 목적은 '통제'가 아니라 '지원과 성장'이어야 하며, 자치단체 스스로가 자치 역량을 강화하고 상향 이동할 수 있도록 설계되어야 한다.

특히, 자립형, 협력형, 관리형 등 유형 간 이동이 실질적으로 가능해야 하며, 이동 조건과 기준은 명확하고 투명해야 한다. 정치적 고려나 관료적 편의에 의해 자의적으로 유형이 고착되는 것을 철저히 방지해야 한다. 또한 유형 간 차별이 아니라, 유형별로 필요한 지원과 프로그램을 맞춤형으로 제공하여 자치단체의 성장 경로를 열어주는 정책 설계가 병행되어야 한다.

주민들의 정치적 감시와 참여를 강화하여, 맞춤형 분권이 '지역 주민의 삶의 질 향상'이라는 목표를 잃지 않도록 지속적인 피드백 메커니즘을 작동시켜야 한다. '맞춤형 분권'은 결코 '차등 대우'가 아니라, '맞춤형 지원'을 통한 실질적 자치 확장을 목표로 해야 한다.

6. 모두에게 같은 자치가 아니라, 각자에게 맞는 자치로

결국 맞춤형 분권이 지향해야 할 최종 목표는 '형식적 평등'이 아니라 '실질적 자율성'이다. 지방자치는 단순히 제도의 문제가 아니라, 지역 주민의 삶의 문제이며, 자치단체의 역량은 시간이 지나면서 성장하고 변화할 수 있다. 따라서 현재의 능력에 따라 자치권을 달리 부여하되, 장기적으로는 모든 지역이 자립형 모델로 발전할 수 있도록 유도해야 한다. 그럴려면 지금의 243개 자치단체 유형은 안된다.

개별 자치단체는 자신에게 필요한 만큼의 자율성을 갖되, 그 자율성에 상응하는 책임을 지고 성과를 증명해야 한다. 맞춤형 분권은 단순한 차등 부여가 아니라, 지역 스스로가 주체가 되어 자치 역량을 강화하고, 주민 참여를 확대하고, 정책 성과를 실현하는 자치경쟁 체제를 구축하는 과정이다.

국가 또한 자치단체의 실패를 단순히 방치하거나 처벌하는 것이 아니라, 필요한 경우 전략적 지원과 코칭을 제공하여 지속 가능한 지역사회가 되도록 함께 책임져야 한다. '같은 자치'를 모든 지역에 강요하는 시대는 끝났다. 이제는 '각자의 자치', '각자의 성장', '각자의 미래'를 설계해야 할 시간이다.

맞춤형 분권은 지역 주민의 삶을 변화시키는 지방자치 혁신의 출발점이다. 그리고 이는 단순한 정책 선택이 아니라, 국가 운영 방식 전체를 새롭게 설계하는 패러다임 전환을 요구하는 과제이다.

제 4 편

구조의 벽을 넘지 못한 분권

분권인가? 자치인가? 왜 우리는 여전히 제도의 틀 안에 갇혀 있는가? 교육자치와 일반자치는 분리된 채 따로 움직이고, 부단체장(부교육감)은 여전히 중앙정부가 임명한다. 이 권한은 자치단체장에게 이양되어야 한다. 감사원, 경찰 등 비선출 권력은 자치의 외형을 유지한 채 실질을 통제하고 있으며, 지방의회는 정당공천제와 무책임 구조 속에서 민주성과 책임성을 상실하고 있다. 분권이 작동하지 않는 이유는 지방이 무능해서가 아니라, 처음부터 그렇게 작동하지 않도록 설계되었기 때문이다. 이제는 선언이 아니라, 구조 자체를 다시 설계할 때다.

12

이원화된 자치: 지방자치와 교육자치의 괴리

1. 이원화된 자치 구조의 기원과 한계
2. 정책 단절과 예산 비효율: 현실의 구조적 폐해
3. 지방소멸과 청년 유출: 이원화 체제의 사회적 비용
4. 지방자치와 교육자치 통합의 흐름
5. 지방자치와 교육자치의 통합적 설계

1. 이원화된 자치 구조의 기원과 한계

대한민국에서 지방자치는 1991년 부활과 함께 본격화되었지만, 그 부활은 교육자치와 일반 지방자치를 명확히 분리하는 구조로 설계되고 말았다. 「지방교육자치에 관한 법률」은 지방자치단체와 별도로 교육청을 설치하고, 교육감 선출을 주민 직선으로 결정함으로써 교육행정의 독립성과 정치적 중립성을 제도적으로 보장하고자 하였다. 이러한 이원화 체계는 당시로서는 교육에 대한 정치권력의 부당한 개입을 차단하고, 전문성과 자율성을 높이려는 긍정적 취지에서 출발하였다.

그러나 시대가 변함에 따라 이원화된 자치 구조는 지역사회의 통합적 발전이라는 측면에서 심각한 문제를 노출하고 있다. 지역사회의 문제는 경제, 복지, 환경, 교육 등 다양한 분야가 유기적으로 연결되어 있으며, 이러한 복합적 문제를 해결하기 위해서는 각 분야의 정책이 통합적으로 설계되고 집행되어야 한다. 그러나 자치단체는 지역의 산업 육성, 주거환경 개선, 복지 서비스 확대 등을 목표로 하는 반면, 교육청은 별도로 초·중등 교육의 내실화와 대학 진학률 제고에만 집중하고 있어, 양자의 정책이 전혀 연계되지 않고 따로따로 움직인다.

특히, 청년층 유출과 지방소멸 문제가 심화되는 오늘날, 교육과 지역경제, 주거정책, 사회복지가 유기적으로 결합되지 않으면 지방의 생존 자체가 위태로워질 수밖에 없다. 그럼에도 불구하고 현재 자치단체는 교육정책에 실질적으로 개입할 권한이 없고, 교육청은 지역발전 전략과 무관하게 독자적으로 교육정책을 결정한다. 이로 인해 지역발전 전략과 교육정책이 따로 작동하면서, 정책적 비효율과 중복, 나아가 지역공동체의 붕괴라는 심각한 부작용을 초래하고 있다.

과거의 정치적 중립성이라는 명분으로 설계된 이원화 체계는 이제 시대적 소명을 다하였다. 현재는 지역발전과 주민 삶의 질 향상을 위해 자치단체와 교육청 간 구조적 통합이 필수적이며, 정책의 일관성과 통합성을 회복하는 방향으로 제도 개편이 이루어져야 한다.

2. 정책 단절과 예산 비효율: 현실의 구조적 폐해

자치단체와 교육청이 별도로 존재하는 이원화된 구조는 정책 목표와 집행 체계의 단절을 초래하고 있으며, 이로 인한 예산 비효율 또한 심각하다. 자치단체는 지역경제 활성화, 청년 유입, 복지 확충과 같은 지역사회 전반을 고려한 종합적인 정책 목표를 설정한다. 반면, 교육청은 교육 본연의 기능, 즉 초·중등 교육의 질 제고, 대학 진학률 향상, 교원 인사관리 등에 집중하고 있다. 이러한 목표 차이는 정책의 기획 단계에서부터 양 기관의 방향성을 분리시키며, 실제 사업 추진 과정에서도 서로 다른 이해관계와 우선순위로 인해 협력은 커녕 갈등이 발생하는 구조를 낳는다.

예를 들어, A시는 지역 특화 산업인 스마트팜 분야 인재 육성을 위해 고등학교 단계에서부터 관련 기술교육 프로그램을 개설하고자 하였지만, 관할 지방교육청은 기존 대학 진학 중심의 커리큘럼 변경을 거부하였다. 이로 인해 지역특화 전략과 교육정책 간의 연계는 무산되었고, 청년층은 여전히 지역에 정착하기보다는 수도권으로 이동하는 경향을 보였다. 이 사례는 자치단체가 지역발전을 목표로 제시하는 전략과, 교육청이 독자적으로 추진하는 정책 간에 얼마나 심각한 단절이 존재하는지를 잘 보여 준다.

뿐만 아니라 예산 운용 측면에서도 이원화된 체계는 심각한 비효율을 초래한다. 자치단체와 지방교육청은 청소년 대상 정책을 별도로 수립하고, 이를 위해 각각 독립적인 시설과 프로그램을 구축한다. ○○광역시의 경우, 시는 청소년문화센터를 운영하고, 교육청은 청소년진로교육센터를 별도로 설치하여 운영하고 있다. 두 기관은 비슷한 대상(청소년)을 상대로 유사한 프로그램(상담, 진로 지도, 문화 활동)을 진행하면서 예산과 인력이 이중으로 투입된다. 이는 명백한 정부 재원의 낭비이며, 주민 세금의 비효율적 집행이라는 심각한 문제를 내포한다.

학교시설 활용에서도 문제는 동일하다. 방과 후나 주말 시간대에 학교 체육관, 강당, 운동장 등은 대부분 활용되지 않고 유휴 공간으로 방치된다(일부 활용도 되지만…). 반면, 자치단체는 주민을 위한 별도의 커뮤니티 센터, 체육시설을 추가로 건설하고 있다. 이로 인해 공공시설 투자비용은 이중으로 발생하고, 시설 운영과 관리에서도 막대한 비효율이 초래된다. 만약 학교시설을 지역사회와 공유하도록 제도적으로 연계하였다면, 막대한 건설비와 운영비를 절감하고, 주민들의 생활 편의성도 크게 높일 수 있었을 것이다.

이처럼 이원화된 자치 구조는 단순한 제도적 구분을 넘어, 정책 단절, 예산 낭비, 행정 비효율이라는 중대한 구조적 폐해를 초래하고 있으며, 이는 궁극적으로 지역사회 통합성과 지속 가능성 자체를 심각하게 저해하고 있다.

3. 지방소멸과 청년 유출: 이원화 체제의 사회적 비용

이원화된 자치 체계는 청년 유출과 지방소멸이라는 심각한 사회 문제를 초래하는 주요 요인으로 작용하고 있다. 청년층의 수도권 이탈은 일자리 부족이나 문화적 매력 부족이라는 단순한 이유 때문만

이 아니라, 고등학교 단계에서부터 수도권 진학을 전제로 한 교육 시스템이 구조화되어 있기 때문이다. 통계청(2023) 자료에 따르면, 지방 고등학생의 약 67%가 수도권 대학 진학을 목표로 진로를 설정하고 있으며, 졸업 이후 지역으로 복귀하는 비율은 고작 18%에 불과하다. 이 같은 흐름은 자치단체가 아무리 청년 주거 지원, 창업 지원, 지역일자리 창출 정책을 추진하더라도, 교육청이 지역 정착을 고려하지 않는 커리큘럼을 운영한다면 실질적 효과를 거두기 어렵다는 사실을 방증한다.

또한 교육청이 추진하는 소규모 학교 통폐합 정책은 지역공동체를 붕괴시키는 또 다른 경로로 작용하고 있다. ○○군의 경우, 최근 5년간 초등학교 수가 30% 감소하였으며, 학교가 폐교된 지역은 평균보다 두 배 이상 빠른 속도로 인구가 감소하였다. 학교는 단순히 교육기관에 그치지 않고, 지역공동체의 중심 기능을 수행한다는 것을 의미한다. 학교가 존재함으로써 젊은 세대가 지역에 머물고, 지역상권이 유지되며, 공동체 활동이 활성화된다. 그러나 소규모 학교가 폐교되면, 지역사회는 급격히 고령화되며, 경제 기반은 붕괴되고, 결국 해당 지역은 소멸 단계로 진입하게 된다.

문제는 이러한 학교 통폐합 결정 과정에서 자치단체의 의견이 실질적으로 반영되지 않는다는 점이다. 교육청은 학생 수 감소라는 통계만을 근거로 독자적으로 결정을 내리며, 지역발전계획이나 지역공동체 유지 전략과는 무관하게 행정 편의적 판단을 한다. 이처럼 교육자치와 지방자치의 단절은 지역사회의 존속 기반을 직접적으로 침식시키고 있으며, 지방소멸을 구조화하는 데 일조하고 있다.

4. 지방자치와 교육자치 통합의 흐름

해외 주요국들은 이미 지방자치와 교육자치 간의 연계 문제를 인식하고, 다양한 제도적 보완 조치를 취해 왔다. 일본과 프랑스는 그 대표적 사례이다. 일본은 2015년「지방교육행정의 조직 및 운영에 관한 법률」을 개정하여, 자치단체장이 지역교육행정의 기본 방침을 설정할 수 있도록 제도화하였다. 종전에는 교육위원회가 독립적으로 교육정책을 수립하였으나, 개정 이후에는 자치단체장이 주재하는 종합교육회의를 통해 지역발전 전략과 연계된 교육정책 방향을 제시할 수 있게 되었다. 이에따라 교육행정에 대한 자치단체장의 책임성과 영향력이 제도적으로 강화되었으며, 교육정책이 지역경제, 청년정책과 유기적으로 결합될 수 있는 제도적 기반이 마련되었다.

일례로 고베시는 시장 주도로 환경에너지 산업을 지역의 전략 분야로 육성하기 위해 종합교육회의를 통해 관련 인재 양성 교육 과정을 지역 학교에 도입하고 산학협력 프로그램과 연계하는 등 교육과 산업 정책의 통합적 추진을 실현하고 있다. 이 결과, 청년층의 지역 정착률이 25% 증가하는 성과를 거두었다. 이는 교육정책과 지역발전 전략이 유기적으로 연계될 때, 청년층 이탈을 방지하고 지역경쟁력을 강화할 수 있음을 보여 주는 대표적 사례이다.

프랑스는 1982년 '데페르 법'(Loi Defferre)을 시작으로 지방 분권 개혁을 추진해 왔으며, 그 일환으로 중등교육 시설의 설치·보수·관리에 관한 권한을 지방정부에 단계적으로 이양하였다. 특히, 콜레주(중학교)는 데파르트망(도)에, 리세(고등학교)는 레지옹(광역지방정부)에 관할권이 부여되었으며, 2004년에는 인사, 예산, 직업교육 정책에 관한 권한이 추가로 확대되었다. 이에 따라 레지옹은 지역 산업 수요에 따라 직업훈련계획(PRDFP 등)을 수립하고, 고용부 및 교육기관과 협력하여 직업학교 운영 및 교육훈련 프로그램의 방향성을 조율할 수 있게 되었다. 예컨대, 브르타뉴 레지옹은 해양산업 인력 수요에 대응하기 위해 직업학교와 협력하여 실습 중심의 직업교육 과정을 강화하고, 지역 기업과의 연계를 통해 교육-고용 간 연동 체계를 구축하였다. 이러한 노력은 졸업생의 지역 내 취업률을 높이는 데 기여하였으며, 교육과 지역 산업 정책 간 통합적 접근의 가능성을 보여 주는 사례로 평가된다. 프랑스의 경험은 단순한 시설 관리 권한의 이양을 넘어, 교육정책의 일부 조정권을 지방정부에 부여함으로써 지역 특성에 부합하는 교육·고용 연계 전략을 설계할 수 있도록 한 점에서 중요한 시사점을 제공한다.

5. 지방자치와 교육자치의 통합적 설계

앞으로 자치단체와 교육청 간 단순 협력 수준을 넘어, 구조적 통합을 지향하는 제도 개편이 필요하다. 우선 「지방자치법」과 「지방교육자치에 관한 법률」을 개정하여, 청년정책, 지역 산업 육성, 지역혁신 사업과 관련된 정책은 자치단체와 교육청이 공동으로 기획·집행하도록 법적 의무를 부과해야 한다. 현재 시·도지사와 교육감은 정책 협의를 위한 기구로 존재하는 '지방교육행정협의회'를 교육정책과 지역발전 전략을 연계적으로 조율하는 전략 거버넌스 기구로 확대·개편할 필요가 있다. 이를 통해 지역 산업정책, 청년정책, 복지정책 등과 연동된 교육정책 수립이 가능해지며, 중복 투자와 정책 충돌을 방지할 수 있다.

예산 집행 또한 통합해야 한다. 자치단체와 교육청이 공동 추진하는 사업은 별도 회계를 설치하여 공동으로 예산을 편성하고, 집행하며, 성과 평가를 해야 한다. 성과지표로는 청년 정착률, 지역 취업률, 직업교육 이수율 등을 설정하여, 실질적 지역발전 기여도를 평가해야 한다.

학교시설은 지역사회와 적극적으로 공유해야 한다. 이를 위해 학교 체육관, 강당, 운동장 등 공공시설을 주민 커뮤니티 활동과 체육활동에 활용할 수 있도록 관련 법령과 제도 기반을 정비해야 한다. 특히, 교육청과 자치단체 간 협력 체계를 마련하고, 공공시설 공동활용에 관한 지침 또는 기본법(가칭)을 통해 시설 활용의 기준과 책임소재를 명확히 함으로써, 기존 자원의 활용도를 극대화하고, 지역 주민의 삶의 질을 실질적으로 향상시킬 수 있다.

장기적으로는 교육청과 광역자치단체가 지역 교육정책의 방향과 집행계획을 긴밀히 조율할 수 있도록 기존의 지방교육행정협의회를 실질적 정책 협의기구로 기능화하고, 제도적 기반을 보완할 필요가 있다. 이를 위해 단기적으로는 공동계획 수립, 중기적으로는 예산 협력과 공동 집행 체계를 마련, 장기적으로는 조직 및 권한 조정 등 단체별 이행으로 로드맵을 통해 협력 수준을 점진적으로 심화시켜야 한다. 특히, 교육청과 자치단체 간 협력 체계가 효과적으로 작동될 수 있도록, 재정 운용과 공동시설 활동에 관한 공동 기준과 지원 체계 마련이 병행되어야 한다.

13

임명된 지방정부 2인자: 부단체장제도의 제도적 역설

1. 부단체장제도의 형성과 광역 - 기초 체계
2. 광역 부단체장제도의 문제: 중앙정부 통제와 지방자치 침해
3. 기초 부단체장제도의 한계: 사실상 광역 자치단체의 통제
4. 민주적 정당성 부재와 제도적 역설
5. 부단체장 임명 구조의 전면적 개편

1. 부단체장제도의 형성과 광역-기초 체계

자치단체의 부단체장은 자치단체장을 보좌하고, 실질적으로 행정 집행을 총괄하는 핵심적인 역할을 담당한다. 그러나 문제는 자치단체장이 부단체장을 임명하지 못하고, 광역의 경우 중앙부처(행정안전부와 교육부) 공무원이, 기초의 경우 광역자치단체 공무원이 임명되고 있다. 즉, 부단체장제도는 광역자치단체와 기초자치단체에서 각각 다른 법적 근거와 임명 체계를 가지고 있다.[1]

광역자치단체(특별시·광역시·도) 부단체장, 즉 행정부시장과 행정부지사는 「지방자치단체에 두는 국가공무원의 정원에 관한 법률」에 따라 국가공무원으로 임명하도록 규정하고 있다. 이들은 주로 중앙부처 고위공무원단 출신 인사들로, 행정안전부 장관의 제청에 따라 대통령이 임명한다. 부교육감 역시 「지방교육자치에 관한 법률」에 근거하여, 국가공무원(고위공무원) 신분으로 교육부에서 임명한다. 이로 인해 광역 부단체장은 자치단체장이 직접 인사권을 행사하지 못하고, 중앙정부의 통제를 받는 구조에 놓인다.

반면, 기초자치단체(시·군·구)의 부단체장인 부시장, 부군수, 부구청장은 「지방자치법 시행령」 제71조에 따라 광역시·도 공무원으로

1 자세한 내용은 저자의 논문 "Deputy Mayor Appointment System in South Korea: Challenges and Reforms for Local Autonomy," 한국비교정부학보, 28(4) 참고.

임명된다. 임명권자는 기초자치단체장(시장·군수·구청장)이지만, 실질적으로 광역자치단체장(시·도지사)의 승인을 거쳐 임명한다. 따라서 기초 부단체장은 광역단체의 통제 아래 있고, 중앙정부의 직접적 인사는 아니지만 여전히 자치단체장의 완전한 자율적 인사권은 보장되지 않는 구조다.

이처럼 부단체장제도는 광역과 기초 모두에서 자치단체장의 인사권을 제약하는 구조를 내포하고 있으며, 특히 광역 부단체장은 중앙정부 부처에 의해, 기초 부단체장은 광역단체에 의해 사실상 지명되는 이중적 통제 체계를 보여 준다.

2. 광역 부단체장제도의 문제: 중앙정부 통제와 지방자치 침해

광역 부단체장—즉, 행정부시장, 행정부지사, 부교육감—은 모두 국가공무원 신분을 가진 중앙정부 인사이다. 이들은 중앙부처에서 일정 기간 근무하다가 자치단체에 파견되는 형식으로 부임하며, 이들의 인사권은 자치단체장에게 있는 것이 아니라 행정안전부 또는 교육부, 궁극적으로 대통령에게 있다.

이 구조는 자치단체의 독립성과 주민자치 원리를 심각하게 훼손

한다. 자치단체장은 주민의 직접 선거를 통해 민주적 정당성을 부여 받았지만, 행정부시장이나 행정부지사는 중앙정부의 지시와 방침을 우선적으로 고려할 수밖에 없다. 예산 편성, 조직 관리, 인사 운영, 정책 조정 등 행정의 핵심 분야에서 중앙정부와 자치단체장이 상충하는 경우, 광역 부단체장은 주민의 뜻이 아닌 중앙정부의 의사를 대변하는 경향을 보인다.

또한 부단체장의 임기는 통상 1~2년으로 매우 짧아, 지역 실정에 대한 깊은 이해를 갖추기 어렵다. 지역발전 전략을 장기적 비전으로 수립하고 추진해야 하는 자치단체장의 계획은, 단기 순환 인사를 전제로 하는 부단체장 구조로 인해 지속성과 일관성을 확보하기 어렵다. 이는 광역자치단체의 정책 일관성을 심각하게 약화시키며, 궁극적으로는 주민 삶의 질에도 부정적 영향을 미친다.

3. 기초 부단체장제도의 한계: 사실상 광역자치단체의 통제

기초자치단체 부단체장제도도 자치단체장의 인사권을 제약하는 구조를 내포하고 있다. 「지방자치법 시행령」 제71조에 따르면, 기초자치단체는 부시장, 부군수, 부구청장을 둘 수 있으며, 이들은 광역시·도 공무원 신분으로 기초단체장이 임명한다. 그러나 이 임명에는 광역자치단체장의 승인이 있어야 하고, 현실적으로는 광역단체장의 의중이 크게 작용한다.

결국 기초자치단체장도 자신의 정치적 비전과 정책 방향에 부합하는 인사를 자유롭게 부단체장으로 임명할 수 없는 제약을 받는다. 광역단체장의 인사관리가 우선되면서, 기초단체장의 정책 집행력과 조직 장악력이 약화된다. 특히, 기초자치단체가 독자적인 지역발전 전략을 추진하려 할 때, 광역단체 출신 부단체장이 이를 견제하거나 다른 방향으로 유도하는 경우도 존재한다.

이러한 구조는 기초자치단체의 자율성과 책임성을 훼손하며, 주민들이 선출한 단체장의 정당한 권한 행사를 제한하는 결과를 초래한다. 기초자치단체의 행정 독립성이 약화될 경우, 이는 지역 맞춤형 행정 서비스의 질적 저하로 이어질 수 있다.

4. 민주적 정당성 부재와 제도적 역설

광역과 기초 자치단체를 막론하고, 부단체장제도는 현재 주민에 의해 선출되지 않은 인사가 자치단체 행정의 핵심을 장악하고 있다는 점에서 민주적 정당성이 심각하게 훼손되고 있다. 자치단체장은 주민에 의해 선출되어 민주적 정당성을 갖추었지만, 부단체장은 중앙 부처 또는 광역자치단체에 의해 임명되며, 주민에 대한 정치적 책임이 없다.

이러한 구조는 지방자치제도의 기본 원리인 주민 주권과 책임행정 원칙을 정면으로 위배한다. 권력과 책임이 일치하지 않는 상황에서 부단체장이 독자적 권한을 행사하면, 정책의 정당성과 수용성이 약화되고, 주민의 정치적 의사가 왜곡된다. 특히, 광역 부단체장이 중앙정부의 의사에 따라 정책을 조정하거나, 기초 부단체장이 광역단체의 지침에 따라 기초자치단체장의 정책 추진을 견제하는 경우, 이는 지방자치의 본질적 기능 자체를 무력화시키는 결과를 초래한다.

5. 부단체장 임명 구조의 전면적 개편

부단체장제도를 근본적으로 개편하여, 자치단체장의 인사권을 보장하고 주민 주권 원칙을 실질적으로 구현해야 한다. 먼저, 광역자치단체 부단체장(행정부시장·행정부지사)의 임명권을 광역자치단체장에게 이양하는 방향으로 「지방자치법」과 「지방자치단체에 두는 국가공무원 정원에 관한 법률」을 개정해야 한다. 자치단체장이 자신의 행정 철학과 정책 비전에 부합하는 인사를 자유롭게 선발하고, 이에 대한 정치적 책임을 주민에게 직접 지도록 해야 한다.

또한 부교육감 역시 「지방교육자치에 관한 법률」을 개정하여 교육감이 독자적으로 임명하거나, 최소한 자치단체와의 협의하에 공동 임명하는 구조를 마련해야 한다. 이를 통해 지역의 교육정책과 종합발전 전략 간 일관성을 확보할 수 있다.

기초자치단체 부단체장 임명에 대해서도 광역자치단체장의 관여를 배제하고, 기초자치단체장의 독자적 인사권을 강화해야 한다. 광역-기초 간 협의는 필요하겠지만, 최종 임명권은 기초자치단체장에게 귀속되어야 주민 주권 원리에 부합한다.

장기적으로는 부단체장 임명 과정에 주민 참여 절차(예: 지방의회 동의, 청문회 도입)를 추가함으로써, 인사의 투명성과 민주성을 높이는 방안도 검토할 필요가 있다. 이러한 전면적 제도 개편 없이는 대한민국의 지방자치는 여전히 중앙집권적 통제 구조를 벗어나지 못할 것이다.

14

비선출 권력과 분권의 허상: 감사원, 경찰, 교육청

1. 지방 분권의 외형과 실질 간 괴리

대한민국은 지방자치의 부활과 함께 지방 분권을 지속적으로 강조해 왔다. 「헌법」 제117조는 자치단체의 설치와 운영을 명문화하고 있으며, 「지방자치법」은 자치단체의 자율성과 독립성을 법률적으로 보장하고 있다. 또한 정부는 여러 차례에 걸쳐 지방 분권 종합계획을 수립하고, 권한 이양과 기능 조정을 추진해 왔다. 표면적으로는 자치단체가 독립된 행정주체로서 각종 사무를 자율적으로 처리할 수 있는 체계를 갖춘 것처럼 보인다.

그러나 자치단체의 실질적 운영을 들여다보면, 지방 분권의 외형과는 달리 실질적인 자율성과 독립성은 심각하게 제약되고 있다. 특히, 주민에 의해 선출되지 않은 비선출 권력이 여전히 자치단체의 주요 기능을 통제하거나 간섭하고 있다. 감사원, 경찰, 교육청 등은 자치단체 외부에서 독자적 권한을 행사하면서도, 자치단체장의 통제나 주민 직접통제를 받지 않는다.

이러한 구조는 지방 분권의 외형적 완성에도 불구하고, 실질적으로는 중앙집권적 통제 체계가 여전히 유지되고 있음을 보여 준다. 자치단체는 법률상으로는 독립된 법인격과 자치권을 보장받고 있지만, 감사·치안·교육이라는 핵심 기능 영역에서는 중앙정부 또는 중앙기관의 직접적 영향력하에 놓여 있는 것이다. 이는 지방자치제도의 본질적 가치인 주민 주권과 자율적 지역발전 가능성을 구조적으로 제한하는 요인으로 작용하고 있다.

또한 이러한 비선출 권력의 존재는 자치단체장의 정치적 책임성, 즉 주민에 대한 책임행정 구현을 어렵게 만든다. 주민들은 자치단체장을 선출함으로써 정책 방향을 선택하였음에도 불구하고, 실제 정책 집행 과정에서는 중앙의 통제기구에 의해 단체장의 권한이 제약되거나 정책이 수정되는 경우가 발생한다. 이로 인해 지방자치는 형식적 절차만 남고, 실질적 민주성은 약화되는 구조적 모순이 심화되고 있다.

2. 감사원의 통제: 자치단체에 대한 과도한 외부 감시

감사원은 「헌법」 제97조에 의해 설립된 독립기관으로, 국가의 재정 운영과 공공기관의 행정을 감시하는 기능을 담당하고 있다. 「감사원법」 제24조는 감사원이 자치단체에 대해 직접 감사를 실시할 수 있도록 규정하고 있으며, 이에 따라 감사원은 자치단체의 재정, 행정, 사업 집행 전반을 포괄적으로 감시할 수 있는 권한을 보유하고 있다.

다만, 이러한 감사 권한이 자치단체 고유의 정책 기획과 자율성에까지 영향을 미칠 경우, 외부 감사의 범위와 기준에 대한 재검토가 필요하다. 예를 들어, 주민의 요구를 반영하여 과감한 재정투자 사업을 추진한 경우라도, 감사원의 형식적 예산 집행 기준에 미치지 못하면 사업 전체가 중단되거나 시정 조치를 받게 된다. 이는 결과적으로 자치단체장의 정책 집행 권한을 축소시키고, 주민 참여에 기반한 지역발전 전략을 무력화하는 효과를 초래할 수 있다.

감사원의 감사는 대부분 절차적 적법성, 예산 집행 규정 준수 여부 등에 집중되기 때문에, 창의적이고 모험적인 행정 시도는 오히려 위험 요소로 간주된다. 자치단체는 감사 위험을 최소화하기 위해 소극적이고 관행적인 사업만을 추진하게 되는 경향을 보이며, 이는 지역 맞춤형 혁신과 실질적 주민복지 향상에 심각한 장애로 작용할 수 있다.

게다가 감사원은 중앙정부로부터 상당 부분 독립되어 있다고는 하나, 실질적으로는 중앙정부 정책 방향과 일치하는 기준으로 자치단체를 감사하는 경향을 보인다. 특히, 자치단체장이 중앙정부의 정책 기조와 다른 방향으로 지역발전 전략을 추진할 경우, 감사원의 감사가 이를 견제하는 수단으로 활용될 위험도 존재한다. 이처럼 감사원의 과도한 감사권은 자치단체의 정책적 자율성을 구조적으로 제약하며, 지방자치의 실질적 구현을 가로막는 장애물로 작용할 여지가 있다.

3. 자치경찰제의 형식성과 실질적 통제 구조

자치경찰제는 지방 분권 강화의 일환으로 추진되었으며, 주민 밀착형 치안 서비스를 자치단체가 직접 책임지게 하겠다는 목적 아래 도입되었다. 현행 「경찰법」 및 「국가경찰과 자치경찰의 조직 및 운영에 관한 법률」에 따르면, 각 시·도지사는 자치경찰위원회를 설치하여 지역생활 안전, 교통안전, 학교폭력 예방 등의 사무를 관장하도록 되어 있다.

그러나 자치경찰제의 실제 운영을 살펴보면, '자치'라는 이름과 달리 실질적 자율성은 극히 제한되어 있다. 자치경찰의 인사권은 여전히 경찰청에 의해 실질적으로 통제되고 있으며, 자치경찰관의 인사 및 승진, 징계 등에 대해 시·도지사나 자치경찰위원회가 독자적으로 결정할 권한은 사실상 없다(2022년 8월, 행정안전부 직제에 경찰국이 신설).[1] 예산 편성 역시 자치단체의 독립적 결정이 아닌, 국가경찰청을 통한 예산 배분 체계에 종속되어 있다.

또한 자치경찰이 담당하는 사무는 지역 일상과 밀접한 분야에 국한되어 있으며, 강력범죄, 조직범죄, 국가보안사범 등에 대한 수사

1 주요 업무는 경찰 관련 중요 정책과 법령의 국무회의 상정, 총경 이상 경찰공무원에 대한 임용제청권, 국가경찰위원회 안건 부의, 자치경찰 지원 등이다. 경찰국은 정부조직법이 아닌 시행령에 근거해, 숙의 없이 졸속 신설된 조직이다. 절차적 정당성이 결여된 만큼 더 이상 존치할 이유 없이 즉각 폐지되어야 한다.

는 여전히 국가경찰의 전속 권한이다. 자치단체는 교통단속, 지역 순찰, 학교폭력 예방 프로그램 등 비교적 경미한 치안 업무만을 책임지도록 한정되어 있다. 이러한 구조는 지역 치안정책의 종합성과 자율성을 심각하게 제약하며, 주민이 체감할 수 있는 실질적 변화도 매우 제한적이다.

결국 자치경찰제는 자치단체가 독립적으로 지역 치안을 책임진다는 이상과 달리, 중앙정부 중심의 치안 통제 체제를 유지하는 수단으로 작동하고 있다. 명목상으로는 자치단체가 치안사무를 담당하는 것처럼 보이지만, 핵심 권한과 자원은 여전히 중앙에 집중되어 있어 실질적 주민 주권은 구현되지 않고 있다. 이는 지방 분권이라는 이름 아래 추진된 제도가 오히려 중앙집권적 통제 구조를 강화하는 모순된 결과를 낳고 있음을 보여 준다. 그런데 자치경찰제도를 운영하는 이유가 뭘까?

4. 교육청의 독립성과 지방교육자치의 한계

광역자치단체에는 「지방교육자치에 관한 법률」에 따라 독립된 교육청이 설치되어 있으며, 주민들이 선출하는 교육감이 이를 총괄한다. 이러한 체계는 지방교육행정의 정치적 중립성과 전문성을 확보하기 위해 마련된 것이다. 지방교육청은 자치단체와 별개로 독립된 법인격을 보유하며, 교육정책 수립과 학교 운영 등에 있어 독자적 권한을 행사한다.

그러나 지방교육자치는 실질적으로 중앙정부의 통제를 강하게 받고 있다. 교육부는 전국 공통 교육 과정, 주요 교육시책, 학교 설립 기준, 교원 인사관리 기준 등을 설정하며, 시·도교육청은 이에 따라 정책을 집행해야 한다. 특히, 중앙정부에서 이전되는 재정(지방교육재정교부금 및 국고보조금)의 비중이 높은 현행 교육재정 구조상, 시·도교육청이 교육부의 정책 방향을 무시하고 독자적 정책을 추진하는 것은 재정·제도적으로 매우 제한적일 수밖에 없다(반대로 교육감이 추진한 정책이 실패하였을 때 교육부의 책임을 전가하는 경우도 있음).

부교육감제도 또한 지방교육자치의 한계를 상징한다. 부교육감은 교육부와의 협의를 거쳐 임명되는 국가공무원 신분의 고위공무원으로, 교육청의 실질적 집행권을 장악한다. 부교육감은 주민에 의해 선출된 교육감과 달리 중앙정부의 인사관리 시스템을 통해 움직이며, 경우에 따라 교육감의 정책 방향과 충돌하거나 독자적 행정권을 행사하기도 한다.

결국 지방교육자치는 형식적으로만 존재하며, 실질적으로는 중앙정부 주도의 교육정책 체계에 종속되어 있다. 이는 지역 특성에 맞는 교육 혁신을 어렵게 만들고, 주민들이 교육정책을 통해 지역사회를 발전시키려는 노력 또한 제약받게 만든다.

5. 실질적 분권을 위한 제도 개편

지방분권의 외형적 완성과 실질적 자율성 사이의 괴리를 해소하기 위해서는, 단순한 권한 이양을 넘어 비선출 권력에 대한 근본적인 제도 개편이 필요하다. 감사원, 경찰, 교육청 등 주요 통제기관에 대해 구조적 개혁을 단행하지 않는다면, 지방자치는 여전히 형식적 선언에 머물 수밖에 없다. 다음과 같은 방향으로 실질적 분권을 위한 제도적 개편이 추진되어야 한다.

첫째, 감사원의 자치단체 감사권을 대폭 제한하고, 자치단체 내부의 자체 감사 체계를 강화해야 한다. 감사원은 국가 사무 및 국가 재정에 대한 감사에 집중하고, 자치단체에 대한 직접 감사는 법령 위반이나 중대한 공익 침해가 명백한 경우에 한해 제한적으로 허용해야 한다. 평상시 자치단체의 행정 및 재정 감시는 자체 감사기구와 주민 참여를 기반으로 이루어져야 하며, 이를 위해 「감사원법」을 개정하여 자치단체 감사 요건과 절차를 엄격하게 규정해야 한다.

둘째, 자치경찰제의 실질적 권한 이양을 단행해야 한다. 「경찰법」 및 「국가경찰과 자치경찰의 조직 및 운영에 관한 법률」을 개정하여, 자치경찰에 대한 인사권, 예산편성권, 조직관리권을 시·도지사와 자치경찰위원회에 부여해야 한다. 자치경찰관의 채용, 배치, 승진, 징계는 자치단체가 직접 관리할 수 있어야 하며, 예산 역시 자치단체가 독립적으로 편성하고 집행할 수 있도록 해야 한다. 또한 자치경찰이 담당하는 사무를 단순 생활안전 분야에 한정하지 말고, 지역 특성에 따라 경범죄 수사, 지역 치안 전략 수립 등으로 단계적으로 확대해 나가야 한다.

셋째, 지방교육자치의 실질화를 위해 교육청의 독립성과 책임성을 동시에 강화해야 한다. 시·도교육청이 중앙정부의 지침에 종속되지 않고 지역 실정에 맞는 교육정책을 수립할 수 있도록, 교육재정의 안정성과 예측 가능성을 높이는 방향으로 개편해야 한다. 이를 위해 지방교육재정교부금의 비율과 배분 방식을 개선하고, 지역 간 교육재정 격차를 국가가 적극적으로 조정하는 체계를 확립해야 한다. 국가 차원의 평준화된 재정 지원 체계를 통해 형평성과 자율성을 동시에 달성해야 한다. 또한 부교육감 임명 방식도 「지방교육자치에 관한 법률」을 개정하여 교육감의 추천과 시·도의회의 동의를 거치는 구조로 전환해, 주민의 통제를 반영하고 교육행정의 독립성을 확보해야 한다.

넷째, 비선출 권력에 대한 주민 참여 통제를 강화해야 한다. 자치단체장은 감사, 치안, 교육 등 핵심 분야의 정책 수립과 집행 과정에 주민 참여를 확대하고, 이를 제도적으로 보장해야 한다. 주민참여예산제, 주민자문단, 주민감시단 등의 제도를 통해 주민이 정책 결정 과정에 실질적으로 개입할 수 있도록 해야 하며, 지방의회 역시 감사 결과, 자치경찰 운영 성과, 교육정책 집행을 주기적으로 점검하고 평가하는 기능을 강화해야 한다.

마지막으로, 장기적으로는 지방자치의 헌법적 지위를 더욱 구체화하고 강화하는 헌법 개정 논의가 필요하다. 지방자치단체의 조직·재정·인사에 관한 자율성을 명확히 규정하고, 중앙정부의 부당한 간섭을 헌법적으로 제한하는 조항을 신설해야 한다. 이를 통해 지방 분권이 단순한 정치적 수사가 아니라 실질적 제도로 확립될 수 있으며, 주민 주권에 기반한 진정한 지방자치 시대를 열어 갈 수 있을 것이다.

15

책임 없는 권한: 지방의회, 그들만의 정치

1. 지방의회의 설치 목적과 기대
2. 지방의회의 현실: 권한은 있으나 책임은 없는 구조
3. 지방의회의 제도적 문제: 정당공천제와 무책임 구조
4. 지방의회 기능 약화의 결과: 지방행정의 질적 저하
5. 지방의회의 민주성과 책임성 강화

1. 지방의회의 설치 목적과 기대

지방의회는 자치단체 행정의 민주성과 책임성을 실질적으로 구현하기 위해 설치된 주민 대표기관이다. 「지방자치법」 제1조는 지방자치제의 목적을 주민의 복리 증진에 두고 있으며, 이 과정에서 지방의회는 자치단체의 집행기관을 감시하고 견제하며, 주민의 다양한 의사를 반영하여 정책 결정 과정에 참여하는 중요한 역할을 맡고 있다.

특히, 지방의회는 조례 제정 및 개정, 예산안 심의와 확정, 행정사무감사 및 행정 사무조사, 결산 승인 등 광범위한 권한을 부여받았다. 이는 자치단체 행정의 집행을 단순히 자치단체장에만 의존하지 않고, 다원적 통제를 통해 행정의 투명성과 합리성을 높이기 위한 장치였다. 지방의회는 주민을 대신하여 집행기관의 행정 집행을 감시하고, 필요한 경우 조정하거나 시정 요구를 할 수 있는 권한을 가짐으로써, 지방자치의 견제와 균형(checks and balances) 구조를 구성하는 핵심 요소로 작용해야 하였다.

또한 지방의회의 존재는 중앙집권적 권력 구조에 대한 대항장치로도 기대되었다. 중앙정부로부터의 과도한 통제를 방지하고, 지역 고유의 사정과 주민의 요구를 반영하는 독립적 의사결정 체계를 구축하는 것은 지방자치 발전의 핵심이었기 때문이다. 따라서 지방자치의 성공 여부는 지방의회의 성숙도, 즉 지역 주민의 삶을 구체적으로 개선할 수 있는 정책 역량과 집행기관 견제 기능의 실질적 수행 여부에 크게 좌우된다고 할 수 있다.

2. 지방의회의 현실: 권한은 있으나 책임은 없는 구조

지방자치 부활 이후 30여 년이 흐른 지금, 지방의회의 실상은 제도 설계 당초의 기대와 현저한 괴리를 보이고 있다.[1] 법적으로 막강한 권한을 부여받은 지방의회는, 그에 상응하는 책임성과 주민 주권 구현에는 여전히 미치지 못하고 있다.

우선 선출 과정부터 문제점이 드러난다. 지방의회 의원 선거는 주민 주권의 구체적 실현 수단인데, 실제로는 주민 개별 검증보다는 정당 공천에 의해 당락이 좌우되는 구조이다. 특히, 기초의회에서는 정당의 지역조직이나 중앙당의 영향력이 절대적이어서, 후보자의 정책 능력, 도덕성, 지역밀착성보다는 당적이나 정치적 줄서기가 결정적 변수가 되고 있다. 이로 인해 전문성이나 정책 역량을 갖추지 못

1 지방의회 의원의 경우, 처음에는 무보수 명예직 신분이었음을 상기해야 한다.

한 후보자들이 단순히 정당 공천을 받았다는 이유로 지방의회에 진입하는 일이 반복되고 있다.

이러한 의원 구성은 의정 활동의 질적 저하로 직결된다. 예산 심의 과정에서 구체적 사업의 타당성이나 건전성 및 지속 가능성 검토는 부실하게 이루어지고, 행정 사무감사도 집행부로부터 자료를 요구하거나 질문을 제기하는 수준에 그치는 경우가 많다. 특히, 의원들이 지역 이익 챙기기, 즉 선심성 예산 확보나 소규모 지역사업 지원에만 몰두하는 경향이 나타나면서, 지방의회의 본래 기능인 자치단체 행정의 종합적 감시와 비판 기능은 크게 약화되고 있다.

나아가, 일부 의원들은 집행부와의 유착을 통해 개인적 이익을 추구하거나 정치적 기득권을 강화하려는 시도를 하기도 한다. 지방의회가 주민 의사를 대변하고 집행부를 견제하는 민주적 대의기관이 아니라, 특정 정치집단의 이익 대변기구로 전락하는 경우, 지방자치는 실질적 민주성 대신 정치적 폐쇄성과 부패로 흐를 위험이 크다.

3. 지방의회의 제도적 문제: 정당공천제와 무책임 구조

지방의회가 기대에 미치지 못하는 핵심 제도적 원인은 정당공천제에 있다. 현재 지방의회 의원 선거는 대부분 정당 공천을 통해 이루어지며, 이로 인해 지방정치는 중앙정당 구조의 하위 체계로 전락하고 있다.

정당공천제하에서는 지방의회 의원 후보자들이 지역 주민보다 정당 지도부, 지역당 조직, 중앙당 공천위원회의 판단에 훨씬 더 의존하게 된다. 주민의 요구와 지역 현안보다는 정당의 정치적 이해관계에 부합하는 후보자가 선출되는 경우가 많아, 지방의회는 지역 주민 대표가 아니라 정당정치의 말단기관으로 기능하게 된다. 특히, 기초의회의 경우, 정당 공천 과정에서 비공개성과 불투명성이 지적되고 있으며, 일부 지역에서는 토호 세력과 정당 조직이 결탁하여 공천을 독점하거나 거래하는 문제까지 발생하고 있다.

또한 정당공천제로 공천을 받고 또 선출된 의원들은 중앙정당의 비호를 받는 구조로 인해 정치적 책임성을 약화시키는 경향이 있다. 주민의 지지를 기반으로 정치적 책임을 지는 대신, 공천권자나 당내 정치 세력에 의존하는 경향이 강화되면서, 의원 개인의 정책 실패나 부실한 의정 활동에 대해 주민이 실질적 제재를 가하기 어려워진다. 제도상으로는 주민소환제가 존재하지만 발동 요건이 지나치게 엄격하고 절차가 복잡해, 현실적으로 의원에 대한 정치적 책임을 묻는 수단으로 작동하기는 어렵다.

결국 지방의회는 권한은 막강하지만, 이를 행사하는 데 있어 주민의 통제를 받지 않고 무책임하게 권한을 행사하는 구조에 빠져 있다. 이는 지방자치의 민주성, 책임성, 투명성을 모두 심각하게 저해하는 근본적 요인이다.

4. 지방의회 기능 약화의 결과: 지방행정의 질적 저하

지방의회의 기능 약화는 곧 자치단체 행정 전반의 질적 저하로 이어진다. 특히, 예산 심의 기능이 약화되면, 자치단체의 재정 운영은 형식적 심의를 거쳐 통과되며, 이에 따라 비효율적 사업이나 정치적 목적에 따른 예산 배정이 반복될 위험이 커진다. 주민복리 증진을 위한 투자보다는 의원 개인이나 특정 이익집단을 위한 선심성, 표몰이성 사업에 예산이 편성되고 집행되는 문제가 발생한다.

행정 사무감사 역시 실질적 감시 기능을 상실하면, 자치단체 집행부의 정책 실패나 부적절한 행정 운영을 초기에 시정하거나 제어하지 못하게 된다. 이로 인해 행정의 비효율성, 부패 가능성은 점점 누적되고, 자치단체 전체의 거버넌스 질은 하락하게 된다.

또한 지방의회가 무기력할 경우 단체장의 권한을 견제할 수 있는 메커니즘이 약화된다. 지방의회가 제대로 기능하지 않으면, 자치단체장은 자신의 정치적 이해관계나 단기적 치적쌓기에 현혹되어 행정을 운영할 유인이 커지고, 이는 지방행정의 투명성과 공공성을 심각하게 훼손할 수 있다. 결국 이러한 악순환은 주민에 대한 서비스 수준 저하로 이어지며, 지방자치제도에 대한 주민들의 신뢰를 갉아먹게 된다.

5. 지방의회의 민주성과 책임성 강화

지방의회의 기능을 정상화하고, 주민 주권에 기반한 지방자치를 실현하기 위해서는 제도적 개혁이 필수적이다.

첫째, 정당공천제를 전면 재검토해야 한다. 특히, 기초의회의 경우 정당공천제를 폐지하고, 주민추천제, 무소속 중심 선거 등을 통해 주민 직선의 본래 취지를 회복할 필요가 있다. 정당 공천이 유지되는 경우에도 공천 과정의 투명성과 공정성을 대폭 강화하고, 후보자 자격심사를 엄격히 하여 부적격 후보의 진입을 차단해야 한다.

둘째, 주민 통제 장치를 실질화해야 한다. 주민소환제도의 요건을 완화하고, 주민감사청구제, 주민발안제 등 직접 민주주의 수단을 활성화해 주민들이 지방의회 운영에 실질적으로 참여하고 통제할 수 있는 구조를 마련해야 한다.

셋째, 지방의회 의원의 의정 활동에 대한 평가제도를 도입해야 한다. 출결, 조례 발의, 예산 심의 발언, 행정 사무감사 활동 등 구체적 지표를 기반으로 정기적 평가를 실시하고, 그 결과를 주민에게 공개함으로써 주민들이 의원의 성실성과 전문성을 직접 확인할 수 있도록 해야 한다.

넷째, 지방의회의 정책 역량을 강화해야 한다. 적어도 광역의회 의원이라면 정책 보좌 인력을 편제하고, 지방의회 사무국의 전문성을 높이며, 외부 전문가와의 협력 체계를 구축하여, 단순한 행정 감시를 넘어 정책 대안 제시 능력을 갖춘 지방의회로 성장할 수 있도록 지원해야 한다.

이러한 제도적 개편을 통해 지방의회를 '책임 없는 권한'의 상징에서, 주민을 대변하고 자치단체를 실질적으로 통제하는 진정한 민주적 대의기관으로 탈바꿈시켜야 한다. 지방의회의 혁신 없이는 지방자치의 미래도 없다.

16

진정한 분권을 위한 국가 구조 개편 시론

1. 외형적 분권과 실질적 중앙집권의 지속
2. 국가 구조 개편의 기본 방향
3. 구체적 제도 개편 방안
4. 국가 구조 개편의 기대 효과

1. 외형적 분권과 실질적 중앙집권의 지속

우리나라는 헌법에 지방자치를 보장하고 있으며, 「지방자치법」을 비롯한 다양한 법 제도 개편을 통해 지방 분권을 추진해 왔다. 그러나 제도적 외형과 달리, 지방자치는 여전히 실질적 중앙집권 구조를 벗어나지 못하고 있다.

자치단체는 주민에 의해 단체장이 선출되고, 일정한 자율권을 갖는 것으로 규정되어 있지만, 실제로는 재정, 인사, 핵심 사무 대부분이 중앙정부에 종속되어 있다. 감사, 경찰, 교육 등 주요 기능 영역은 비선출 권력기관이 장악하고 있으며, 자치단체의 독립성과 주민에 대한 책임성은 구조적으로 제한되어 있다.

특히, 재정 구조가 국세 중심으로 고착화되어 있다는 점은 지방자치의 가장 큰 걸림돌이다. 자치단체는 자체 세입 비율이 낮고, 국가에서 이전되는 지방교부세(지방교육재정교부금)나 국고보조금에 과도하게 의존하고 있어 독자적 정책을 기획하거나 장기적인 지역발전 전략을 수립할 여력이 부족하다. 이러한 상황에서 지방자치의 민주성과 효율성은 근본적으로 확보될 수 없는 것이다.

따라서 단순한 권한 이양이나 기능 조정만으로는 해결할 수 없으며, 대한민국 국가 운영 체계 전체를 재설계하는 국가 구조 개편이 절실히 요구된다.

2. 국가 구조 개편의 기본 방향

국가 구조 개편은 근본적이고 체계적인 방향 설정 위에서 추진되어야 한다. 무엇보다 헌법상 자치단체의 지위를 명확히 하고, 국가와 지방의 권력 배분 구조를 재편하는 것이 출발점이 되어야 한다. 현행 헌법은 자치단체의 설치를 규정하고 있으나, 그 자율성이나 독립성에 대해 구체적 규정을 두지 않고 있다. 이에 따라 자치단체는 국가의 하부 행정 조직처럼 취급되어 왔으며, 자율성과 주민 주권 구현이 미흡할 수밖에 없었다.

국가 구조 개편은 자치단체를 단순한 국가보조기관이 아닌, 주민을 대표하는 독립적 행정주체로 확립하는 데 초점을 맞추어야 한다. 이를 위해서는 자치단체가 조직권, 인사권, 재정권을 실질적으로 보장받고, 중앙정부의 개입은 엄격히 제한되어야 한다.

또한 사무 배분의 원칙도 전면적으로 바뀌어야 한다. 기존처럼 중앙이 기본적으로 모든 권한을 보유하고 지방에 일부를 이양하는 방식이 아니라, 모든 사무는 원칙적으로 자치단체가 수행하고, 국가가 수행하는 사무는 예외적으로 한정하는 '지방 우선의 원칙'을 헌법과 법률에 명문화해야 한다.

재정 구조 또한 대대적으로 개편해야 한다. 단순히 지방교부세 등을 늘리는 방식이 아니라, 자치단체가 자체 세입을 기반으로 재정 운영을 자율적으로 할 수 있도록 지방세 확충이 반드시 병행되어야 한다.

3. 구체적 제도 개편 방안

국가 구조 개편을 위한 구체적 방안은 다음과 같다.

첫째, 헌법 개정을 통해 자치단체의 자율성을 실질적으로 보장해야 한다. 자치단체는 독자적 헌장 제정권을 갖고, 조직 편성과 공무원 인사에 대해 중앙정부의 간섭 없이 자율적으로 운영할 수 있어야 한다. 또한 재정 운영 역시 자치단체 스스로 책임지는 구조로 전환해야 한다.

둘째, 사무 배분 체계를 일괄 전환하는 '일괄이양 방식'을 채택해야 한다. 국가 고유 사무를 제외한 모든 행정사무는 지방사무로 전환하고, 국가의 개입은 헌법이나 법률로 한정하는 방식으로 명확히 규정해야 한다. 이를 위해 '국가-지방 사무 배분 기본법'을 제정하는 것도 검토할 필요가 있다.

셋째, 재정 구조 개편은 다음 세 가지 방향으로 추진되어야 한다. 우선, 지방소비세 비율을 확대해야 한다. 지방소비세는 부가가치세(현재 25.3%)를 지방세로 전환하여 각 광역자치단체에 귀속시키고 있다. 앞으로 이 비율을 단계적으로 30% 이상으로 확대해 나가야 하며, 소비세 이양과 함께 재정조정제도를 검토해 지역 간 소비 격차로 인한 재정 불균형을 완화하는 방안을 병행해야 한다.

다음으로, 지방소득세 기능을 강화해야 한다. 지방소득세는 국세인 소득세에 부과되는 부가세 형태로 존재하지만, 그 비중은 아직 낮고 지역 간 소득 편차 문제도 존재한다. 지방소득세율을 점진적으로 높이되, 소득구간별 세율 차등 적용과 지역조정제도를 통해 형평성을 보완할 수 있도록 해야 한다.

그리고 가장 핵심적으로, 환경세를 지방세로 신규 도입해야 한다. 환경세는 지역 내에서 발생하는 오염 행위에 대해 부과하는 세목으로, 탄소배출세, 오염배출부담금, 플라스틱세 등이 대표적이다. 이러한 환경부담금은 지역별로 오염 정도와 사회적 비용을 고려하여 부과할 수 있어, 경제적 효율성과 조세정의에 부합한다. 특히, 환경세는 소득이나 소비 패턴과 무관하게 지역별로 균형 있게 세원을 확충할 수 있다는 점에서, 지방재정의 구조적 취약성을 근본적으로 보완할 수 있는 수단이 된다.

넷째, 자치경찰제도는 전면 실질화되어야 한다. 현재의 자치경찰은 이름만 자치경찰일 뿐, 인사권과 예산권이 중앙에 종속되어 있다. 자치경찰관의 채용, 배치, 승진, 징계, 예산 편성권 등을 자치단체에 완전히 귀속시켜야 하며, 지역 특성에 맞는 치안 전략 수립을 자치단체가 주도할 수 있도록 해야 한다.

다섯째, 지방교육자치도 강화되어야 한다. 부교육감 임명권은 교육감에게 귀속시키고, 교육부의 일률적 지침은 최소화해야 한다. 지방교육청은 지역의 인구 구조, 산업 구조, 지역사회 수요에 맞는 교육정책을 독자적으로 수립하고 집행할 수 있어야 한다. 지방교육재정은 국가 책임하에 안정적으로 지원하되, 집행과 평가의 자율성은 지방에 귀속하는 것이 바람직하다.

4. 국가 구조 개편의 기대 효과

국가 구조 개편이 실현될 경우, 우리나라는 실질적 다원주의와 지역 자율성에 기반한 선진국형 지방 거버넌스 체계를 갖출 수 있게 된다. 개별 자치단체는 고유한 특성과 강점을 살린 독자적 발전 전략을 수립하고, 주민들은 자신의 삶에 직접 영향을 미치는 정책 결정 과정에 더욱 주체적으로 참여할 수 있게 된다.

중앙정부는 국가 단위의 본질적 사무(국방, 외교, 국가경제 전략 등)에 집중함으로써 효율성과 전문성을 강화할 수 있으며, 권력의 과도한 집중으로 인한 비효율과 갈등은 상당 부분 해소될 수 있다. 또한 자치단체 간 경쟁과 협력이 활성화되어, 국가 전체의 혁신 역량과 지속 가능성이 크게 제고될 것이다.

진정한 분권은 단순히 지방을 강화하는 것이 아니라, 나라 전체를 더 탄탄하고 유연한 구조로 재편하는 것이다. 이제는 외형적 분권을 넘어, 실질적 자치와 책임에 기반한 새로운 국가 운영 체계를 만들어야 할 시점이다.

나가며

실패한 분권에서 다시 설계된 공화국으로

1. 형식은 존재하였지만, 실질은 없었다
2. 자치 실패는 중앙만의 책임이 아니다
3. 진짜 분권은 구조와 권력의 재설계다
4. 주민이 체감하지 못한 자치는 실패한 자치다
5. 지금이 아니면 다시는 기회가 없다

매번 정부가 바뀔 때마다 빠지지 않고 등장하는 용어가 있다. 바로 지방 분권이다. 그런데 왜 분권은 없고 이념과 대립만 난무하는 것일까? 이상한 점이 또 있다. 30년간 분권을 추진해 왔음에도 구체적으로 무엇이 바뀐 걸까? 기껏해야 지방으로 몇 푼의 돈을 더 준 것에 불과한 것은 아닌가라고 반문해 보고 싶다. 한마디로 분권이라기보다는 재정 확충에 치중하였다는 이야기이다. 저자는 모호한 문제나 극도로 전문적 주제에 관해 글을 쓸 생각은 애초부터 없었다. 분권에 관해 좀 더 냉철한 시선으로 따져 보자는 것이다. 분권이 이념이나 수사어 정도에 머물러서는 안된다는 취지에서다.

정부가 중앙집권 구조를 유지하고 있는 가운데, 한편에서는 공약(公約)으로 분권을 주장한다. 그러나 엄밀히 말하면 분권은 공약(空約)이 되었다고 해도 틀리지 않다. 무엇이 잘못되어도 크게 잘못되었다는 생각을 떨칠 수가 없다. 분권을 정량적 수치로 해석해서는 결코 안된다. 정량적 수치(지방소비세 증액 비율)도 중요하지만 그 못지않게 정성적 수치도 중요하다. 즉, 정량적 수치로 명확하게 해석하였어야 할 문제를 정성적으로 다루거나 또는 그 반대의 경우로 복잡한 현실(분권의 현실)을 제대로 해석해 내지 못하였다는 것이다. 그러니 말도 안 되는 2할 자치 등의 수사가 난무하게 된 것이다. 분권은 선도 아니고 악도 아닌데, 그런데 악인 양 되어 버렸다. 이제 새롭게 분권 대안을 추진해 나가야 한다. 언제까지 정치에 동원되는 수사로만 분권,

분권을 외쳐댈 것인가? 장기적 관점에서 행정·정치·재정 분권의 대안을 마련해 지난하고 먼 여행을 떠나 보자.

1. 형식은 존재하였지만, 실질은 없었다

지난 30여 년 동안 대한민국은 지방자치의 제도적 복원을 추진해 왔고, 지방 분권은 모든 정부의 공통된 국정 의제가 되어 왔다. 「지방자치법」의 전면 개정, 「지방이양일괄법」의 제정, 지방재정 분권 로드맵 수립 등 수많은 정책이 발표되었지만, 실질적 자치 실현에는 실패하였다. 이 책에서 다룬 여러 장에서 확인하였듯이, 자치의 '형식'은 존재하였지만 그 '내용'은 거의 존재하지 않았다.

정치적으로는 중앙정당의 하향식 공천 구조에 종속되었고, 행정적으로는 중앙정부의 지침과 평가에 따라 움직였으며, 재정적으로는 지방교부세와 국고보조금이라는 재정 지원 방식에 갇혀 있었다. 조직 측면에서도 승인제와 부단체장 임명제가 여전히 작동하면서 자치단체의 독립성은 요원하였다. 결국 이러한 구조는 단순한 행정 관행이 아닌 헌법과 법률, 예산 구조, 정치제도에 깊이 뿌리내린 중앙집권적 체계의 산물이었다.

자치의 외형은 갖추었지만, 실질은 결여되었다. 수많은 정책이 지방을 위한 것이었지만, 정책 결정 과정에 지방은 배제되었고, 실질적 기획과 실행의 자율성은 허락되지 않았다. 이는 곧 자치의 제도화를 방해하는 가장 큰 장벽이었으며, 단지 관리적 차원의 문제가 아닌 정치 구조의 문제로 귀결된다. 우리는 이 구조를 해체하지 않고서는 어떤 자치 개혁도 성공할 수 없다. 분권을 위한 구조적 전환이 국가 개혁의 중심에 놓여야 한다는 점을 직시해야 한다.

2. 자치 실패는 중앙만의 책임이 아니다

지방자치의 실패를 중앙정부의 책임으로만 돌릴 수는 없다. 실제로 많은 기초자치단체는 자율적인 정책을 기획하거나 예산을 설계할 역량이 충분하지 않았고, 일부는 지역 토호 세력과 결합하여 자치의 명분을 퇴색시켰다. 정책의 중장기 전략보다 단기적 성과와 선심성 행정에 치중하는 기초단체장의 운영 방식도 자치 행정의 품질을 저하시켰다.

정치적으로 무관심하거나 행정적으로 보수적인 리더십은 자치를 강화하기는커녕, 중앙의 통제에 안주하는 결과를 초래하였다. 자치단체 공무원 조직 내에서 실질적 기획력과 문제 해결 역량이 축적되지 못한 것도 큰 요인이었다. 지역 주민의 참여와 감시 역시 형식적 제도에 머무르며 실질적 견제 기능을 상실하였다. 이는 지방자치가 단지 제도나 권한의 문제가 아니라, 문화와 역량, 의지의 복합적 결과임을 보여 준다.

이러한 구조는 이중적 실패를 초래하였다. 중앙정부는 권한을 주지 않았고, 자치단체는 권한을 행사할 준비가 되어 있지 않았다. 그 결과 자치는 형해화되었고, 주민들로부터 신뢰를 얻지 못하였다. 따라서 자치를 복원하고 강화하는 작업은 단순히 중앙의 권한을 지방으로 이양하는 것이 아니라, 자치단체의 정책 역량, 조직 관리 능력, 주민 참여 체계를 함께 강화하는 통합 개혁이어야 한다.

자치단체는 자율성이 확대될수록 더 높은 수준의 책임성과 투명성을 요구받게 된다. 따라서 역량 강화는 선택이 아닌 전제이다. 중앙정부는 권한을 나누는 동시에, 역량 강화 지원 체계를 제도화해야 하며, 자치단체는 자치권 확대에 상응하는 자기 혁신을 병행해야 한다. 이러한 상호 책임 구조 없이 분권은 공허한 신기루에 머물 수밖에 없다.

3. 진짜 분권은 구조와 권력의 재설계다

이 책에서 제안하는 분권은 단순히 자치단체의 권한을 확대하는 것 이상의 구조적 개혁을 지향한다. 여기서 말하는 '진짜 분권'이란 선언이나 일회성 개편이 아니라, 정치 구조, 행정 조직, 권한 배분, 재정 시스템, 평가 체계 등 모든 분야에 걸친 전면적인 시스템 재설계를 의미한다. 이는 자치단체의 자율성과 책임성을 동시에 실현할 수 있는 조건이자, 중앙정부가 수행하던 역할을 지방에 이양하면서도 국가 전체의 통합성과 효율성을 유지하는 새로운 거버넌스 구조의 설계를 요구한다.

첫째, 정치적으로는 정당 공천 구조 개편과 지방정당 허용이 핵심이다. 지역의 정치가 중앙정당의 하청 구조에 머무르지 않고, 주민의 삶과 직결된 문제를 중심으로 구성될 수 있도록 정치 시스템을 재편해야 한다. 이는 지방자치의 정치적 자율성을 회복하는 데 있어 필수적인 조건이다.

둘째, 조직적으로는 중앙정부의 승인제도와 임명제 폐지가 요구된다. 자치단체가 스스로 조직을 설계하고 인력을 운용할 수 있어야만, 주민 수요에 맞는 정책 대응이 가능하다. 이를 위해 자치조직권의 헌법 명문화와 실질적 보장이 필요하다.

셋째, 사무 배분에서는 위임사무 중심의 구조를 탈피하여, 자치사무 중심의 명확한 분장이 필요하다. 동시에, 자치단체의 정책 기획력 강화를 위한 사무통합, 권역별 공동행정 체계 도입(부울경이나 대구·경북과 같은 통합이 아닌), 중앙-지방 간 조정기구 설치 등 입체적인 권한 구조 재설계가 필요하다.

넷째, 재정 구조 개혁 역시 핵심이다. 지방세 자율성 확대, 국고보조금의 포괄보조금화, 성과 중심의 지방교부세 재설계 등은 자치단체가 스스로 재정 운영의 책임을 질 수 있는 구조를 마련하기 위한 핵심 요소이다.

다섯째, 평가 체계 역시 일률적인 정량 중심에서 벗어나, 지역 맥락과 정책 목표에 기반한 성과 환류 체계로 개편되어야 한다. 주민 참여 기반의 정책 평가 시스템을 구축하고, 그 결과를 다음 해의 조직 개편, 예산 배분, 권한 부여에 연동시키는 시스템이 마련되어야 한다.

결국 진짜 분권이란 중앙정부와 자치단체, 주민 간의 새로운 계약을 구성하는 일이다. 이는 단지 권한의 이전이 아닌, 책임과 신뢰에 기반한 정치적 전환이며, 이를 위해서는 기존의 제도와 관행을 넘어서는 근본적 상상력이 필요하다.

4. 주민이 체감하지 못한 자치는 실패한 자치다

지방자치의 궁극적 목적은 국가 권력의 재배치가 아니라, 주민의 삶의 질 향상이다. 따라서 주민이 체감하지 못하는 자치는 본질적으로 실패한 것이다. 자치단체가 아무리 많은 권한을 가지고 있더라도, 그 권한이 주민의 삶에 긍정적 영향을 미치지 못한다면 자치의 정당성은 약화된다.

자치 개혁은 주민 참여, 주민 감시, 주민 평가를 제도화하는 방향으로 전환되어야 한다. 지방의회는 단순한 예산 심의기관이 아닌 주민의 대표자로서 실질적인 견제 기능을 수행해야 하며, 주민은 참여예산제(형식적 참여가 아닌), 주민소환제, 주민발안제 등을 통해 정책 과정에 능동적으로 개입할 수 있어야 한다.

또한 자치단체 간 정책실험과 혁신 사례의 공유를 위한 플랫폼 구축이 필요하다. 주민이 다른 지역의 우수 사례를 학습하고 이를 요구할 수 있는 구조는 자치의 품질을 획기적으로 높이는 계기가 될 수 있다. 국가는 이러한 수평적 혁신 네트워크 형성을 제도적으로 지원해야 한다.

주민이 자치의 중심이 되는 순간, 자치는 권한의 문제가 아니라 민주주의의 문제로 전환된다. 자치는 행정기구의 확대가 아니라, 주민이 주권자로서 역할을 실질적으로 행사할 수 있는 정치적 공간의 창출이어야 한다. 진정한 자치란 자치단체의 권한 강화를 넘어, 주민과 지역사회의 역량 강화로 귀결되어야 한다.

5. 지금이 아니면 다시는 기회가 없다

대한민국은 지금 거대한 전환의 문턱에 서 있다. 인구 감소와 고령화, 지방소멸,[1] 기후위기, 디지털 대전환이라는 구조적 변화는 기존의 행정 구조와 정치 시스템이 더 이상 유효하지 않음을 보여 준다. 지금 이 순간에도 많은 지방은 공동체의 지속 가능성을 상실하고 있으며, 행정 체계는 과잉 통제와 기능 마비 사이에서 방향을 잃고 있다.

바로 지금이 지방자치를 재설계할 마지막 기회이다. 이 기회를 놓친다면 한국의 지방은 형식만 남고 실질을 잃은 자치의 껍데기로 전락할 수 있다. 자치가 지역 생존의 수단으로 기능하고, 국가 경쟁력의 핵심 기반으로 작동하기 위해서는 구조적 전환이 절실하다.

이제는 묻자. "이럴려고 분권을 했나?"가 아니라, "이제라도 진짜 자치를 만들 수는 없는가?"라고. 이 책은 그 물음에 대한 구조적 대답의 시도이며, 동시에 실천적 요청이다. 진짜 분권은 오늘 이 자리에서부터 시작되어야 하며, 내일로 미뤄 둘 수 없는 공동의 과제다.

1 인구소멸과 지방소멸은 명확히 구분되어야 한다. 다시 말하면, 인구소멸은 국가가 지방소멸은 지방이 해결책을 마련해 나가야 한다. 국가가 문제 해결의 주체라는 아둔한 인식에서 탈피해야 한다. 지방소멸은 지방이 응당 문제 해결의 주체라는 점은 너무도 분명하다.

단상: '5극3특'이라는 이름의 착시

최근 정부가 추진 중인 '5극3특' 전략은 새로운 균형발전 모델의 핵심 기조로 제시되고 있다. 수도권·충청권·호남권·동남권·대경권을 각각 초광역 메가시티(극)로 구성하고, 제주·강원·전북은 특별자치도(특)로 육성하겠다는 구상이다. 행정구역 재편, 산업 기능 분산, 국토 균형개발이라는 상징 아래 추진되는 이 전략은 마치 수도권 일극 체제를 넘어 전국이 고르게 성장하는 미래를 약속하는 듯 보인다.

그러나 이처럼 거창한 이름 뒤에 숨겨진 실상은 과연 그러한가. 일본의 도시사회학자 야마시타 유스케(山下祐介)는 지방창생 정책을 분석하며, 중앙이 설계하고 자치단체는 이를 수용하는 식의 균형발전 전략이 결국 또 다른 중앙집권적 체제에 불과하다고 비판한 바 있다. 그의 분석 틀을 한국의 5극3특 전략에 적용해 보면, 이 전략 역시 지방을 주체로 세우기보다는, 중앙이 통제 가능한 방식으로 재구조화하는 행정적 리디자인일 가능성이 높다.

우선 '5극'은 초광역 협력의 이름을 달고 있지만, 본질적으로는 중앙정부가 권역을 지정하고 사업을 할당하며 재원을 분배하는 방식이다. 각 권역의 전략도 자체 입안이 아니라 정부의 부처별 종합계획에서 파생된 경우가 많다. 야마시타는 일본의 '다극 분산' 전략이 실은 "중앙이 조율 가능한 단위로 지방을 재조합한 것"이라고 진단하였다. 한국 역시 유사하다. 초광역특별연합은 지방의 자율적 연합체라기보다는 중앙의 승인하에 작동하는 행정 단위에 가깝다. 정작 지방의 자율적 조정 능력은 제약받고, 상호 협력 구조도 체계적으로 설계되지 않았다.

'3특' 또한 명칭만 특별자치도일 뿐, 실제 자치권 강화와는 거리가 멀다. 제주를 제외하면 강원과 전북은 아직 입법권이나 조세권 등 실질적 자치 역량을 확보하지 못하였다. '특별'하다는 명칭 뒤에는 실질 없는 자치가 자리하고 있다. 야마시타는 일본의 지정도시나 특별구역 제도를 두고 "이름만 자치일 뿐, 실상은 중앙의 규제를 더 쉽게 적용하기 위한 틀"이라고 지적하였다. 한국의 상황도 다르지 않다. 오히려 3특 지역은 국토 균형발전의 명분 아래 중앙 정책의 '시험대'가 되는 상황이다.

무엇보다 '5극3특' 전략에서 눈에 띄는 것은 시민의 부재다. 정책은 국토부, 지방시대위원회, 자치단체장을 중심으로 설계되고 있으며, 일반주민의 의견 수렴이나 참여 구조는 형식적 수준에 그친다. 야마시타는 지방창생이 실패한 이유로 "주민을 주체로 세우지 않고 정책 대상자로만 간주한 점"을 꼽았다. 한국의 5극3특도 같은 실수를 반복할 우려가 있다. 지역사회가 원하는 발전 모델이 아니라, 중앙이 만들어주는 '균형'이라는 이름의 표준 패키지를 따라야만 한다는 현실이 그것이다.

경쟁 구도도 문제다. 5개 권역은 산업 유치, 인프라 투자, 대학 중심 개발, 관광 자원 확보 등에서 각기 중복되는 계획을 세우고 있으며, 이는 권역 간 협업보다는 갈등과 중복을 유발한다. 야마시타는 일본의 광역 정책이 결과적으로 '지방 간 생존 경쟁'을 낳았다고 평가하였다. 한국 역시 권역 간 분업과 협력 없는 분산 전략은 지방 갈등을 구조화하고, 균형이 아닌 서열화된 성장을 초래할 가능성이 있다.

이쯤 되면 질문을 던져야 한다. 우리는 왜 '극'과 '특'이라는 단어에 기대어 자치의 실체를 은폐하고 있는가? 정책은 아름답게 포장됐지만, 그 안에는 지방의 정책결정권, 재정 자율성, 시민참여 메커니즘, 협력적 거버넌스라는 진짜 자치의 핵심 요소들이 빠져 있다. 이는 단지 행정 단위를 확대하거나 구호를 바꾼다고 해결될 문제가 아니다.

야마시타 유스케는 말하였다. "지방은 단지 살아남는 것이 아니라, 스스로 미래를 설계할 수 있어야 한다." 균형발전이란 단순한 공간 재배치가 아니다. 그것은 권력과 책임, 자원과 결정을 중앙에서 지역으로 옮기는 정치적 행위다. 지금 우리에게 필요한 것은 권역 수를 셈하는 일이 아니라, 권력을 재배분하는 용기다. 진정한 자치 없이 균형발전은 없다. 그리고 지금의 '5극3특'은 그 착시 속에서 진실을 흐리고 있는지도 모른다. 진정한 분권은 단순한 권한 이전이 아니라, 역할과 책임을 기준으로 중앙과 지방의 기능과 자원을 재설계하는 일이다.

분권이 또다시 실패하지 않으려면, 중앙은 통제자가 아닌 조정자(steering)로 역할을 전환해야 한다. '5극3특' 구상도 이제는 중앙이 구획한 틀을 고치는 데 그칠 것이 아니라, 지역이 책임지고 결정할 수 있는 분권의 원칙 위에서 다시 설계되어야 한다.